特別支援教育サポートBOOKS

明治図書

学校・先生と家庭をつなぐ！

発達障害のある子を支える担任と保護者の連携ガイド

JN193846

師

ンセラー

い

はじめに

「私はこれで、大丈夫」「子どもたちも、これで大丈夫」と、心から信じられる先生・親になっていきましょう！

本書を手に取ってくださり、ありがとうございます。著者の西木めいと申します。


「本当は、子どもにもっといい支援をしてあげたい」

「自分とのかかわりを通して、子どもをぐんぐん成長させてあげたい」

「保護者と協力しながら、子どものよいところを伸ばしてあげたい」

私のところには、先生方からこんなお悩みがたくさん届きます。

保護者の方から相談いただく内容についても、

「先生ともっと協力して、子どもの困りごとを減らしたい」

「子どもが学校を嫌がらず、すっと登校してほしい」

このような「学校や先生との連携を望む声」があふれています。

普段は小学校と中学校でスクールカウンセラーとして、親子や先生のサポートをしています。一方で、Instagramを通じて、発達の凸凹や癇癪、不登校に悩む親御さんに向けて、お悩み解決のための発信活動も行っています。

私は、大学で特別支援教育を専攻した後、小学校の通常の学級の担任、特別支援学校（小学部）の担任、自治体の就学支援委員会（就学相談）の調査員、特別支援教育コーディネーターなどを経験させていただきました。現在は、小学校の保護者向けに子育て講演会を行ったり、Instagramの声を集めて国会議員の方まで届けに行ったりもしております。

学校の中では、「ここをちょっと変えれば、もっと先生と保護者が協力できるのになあ」と残念に感じるトラブルが頻発しています。先生が多忙と言われる時代だからこそ、保護者をどんどん味方にして、子どもを見守る応援団をつくっていくことが、子どもを取り巻く現状を楽にしていく一歩となるのです。本書では、子どもも保護者も先生も、みんながお互いを大切にしながら、今よりずっと楽になる方法をお伝えしています。

この本の内容が、何かのヒントになりますように、心から願っています。

（本書で取り上げた事例は、個人が特定されないように編集を入れております。）

もくじ

第2章 学校と保護者 双方の願いから考えるお悩み相談30

保護者の立場から

先生の立場から

第3章

この本を手に取ってくださった保護者の方に伝えたい3つのこと

177

第１章

保護者と
共有しておきたい
マインド

1

圧倒的に困っているのは「子ども本人」

「教師になんてなりたくない」子どもからのSOS

小学校で通常の学級の教員になって5年目のこと。教員人生最大のピンチが訪れました。

「大人になって絶対にやりたくない職業、それは教師です」

四百字詰めの原稿用紙2枚。「なぜ教師になりたくないか」が、びっしりと書かれていました。この作文を書いたのは小学6年生の男の子です。

・教師は、当然のように子どもが従うと思っている。
・教師は、すぐに大きな声を出す。
・教師は、いつも不機嫌でイライラしている。

・教師は、自分の言うことを聞く子どもだけが好き。
・教師は、子どもの気持ちをわかろうとしない。

「どうしてこんなことを書いたのか？」と私は尋ねました。彼からは「いや～、思ったから書きたくなっちゃったんですよ」の返事。彼は満面の笑みで、私はそれ以上の言葉が出せず、話を終えました。

この作文は、彼から私への通知表でした。担任である私のことが、彼にはこう見えていたのですね。

彼は、お医者さんから発達の凸凹を指摘されているお子さんでした。私は4月の面談で、この子のお母さんに言ったのです。「私は特別支援の免許をもっているので大丈夫です！安心してください」と。子どもにこんな作文を書かせてしまって、いったい何が大丈夫だったのでしょうか。親御さんも、クラスのことやお子さんのことを本当に心配していただろうと思います。思い返すと、とんでもなく恥ずかしいひと言です。

しかしながら、彼の作文は、「私への通知表」であり「私へのSOS」だったと、今では思っています。

彼は教室の中での自分の辛さを、何とか伝えようとして作文に書いたのでしょう。私を皮肉ることで、「とても辛い」ということを、私に伝えようとしてくれたんですね。彼は意識していなかったかもしれないけれど。発信してくれた彼の気持ちから気づいたこと。それは、「困っているのは教師でもなく親でもなく、圧倒的に子ども本人」ということでした。

主語が「子ども」になっている？

「困っているのは子ども本人」と書きましたが、「周りの大人も困っている」これもまた事実です。なぜ、周りの大人が子どもにこんなに困らせられているのでしょうか。それは、**子どもが自分から「集中できなくて、困っています」などと、具体的な言葉では言ってくれないから**です。

言葉を話せない赤ちゃんは、泣くことでSOSを出しますよね。小学生の子どもは、行動でSOSを知らせているのです。「話せるのだから、『困ってる』って口で言えばいいのに！」と思うかもしれません。実はほとんどの子の場合、「SOSの出し方」を知りません。もっと言うと、子ども自身が「自分は困っている」と自覚できていないのです。一見上手に話せる小学生以上の子が、いわゆる「困り行動」を起こす理由はここにあるのです。

主語を「子ども」にして観察してみると、子どもの困り行動の全体が見えてきます。
・この子は、なぜこの行動をしているのか？
・この子の困り行動が起きたきっかけは何か？
・この子が困り行動をする目的は何か？
・行動の結果、子ども本人にどんなメリットがあるか？
こんな視点で、常に観察する気持ちをもってみてください。きっと明日から子どもを主語（中心）にして、ＳＯＳを拾っていけるようになるはずです。

ポイント

・子どもの困り行動は、あなたへのＳＯＳ。
・子どもは自分自身の困りごとに気づかない。
・子どもを主語にして、行動を観察しよう。

2

学校の中の「多すぎる当たり前」

大人の当たり前は、子どもの当たり前じゃない

私たち大人は、身の回りのことを「当たり前」と捉えていることがたくさんあります。子どもが朝起きて、身支度をし、ごはんを食べて、学校へ向かう。忘れ物はしない。先生に会ったら挨拶をする。子どもに関することでも、「当たり前」はあふれています。

実は私も、そう思っていた1人でした。私は通常の学級の担任をしていたとき、クラスの子どもたちを「当たり前のことを当たり前にできるように育てなければ」と無意識に思っていました。「基準に収まる子どもたちに育てて、クラスをまとめていかなくては」と考えていたんです。

・授業中は全員がよい姿勢で座っているのが当たり前
・宿題は全員が毎日提出して当たり前
・文字をきれいに書こうとするのが当たり前
・給食は毎日完食するのが当たり前
・掃除中は静かに手を動かすのが当たり前

など、今思うと、なかなか頭の固い教員だったとわれながら恥ずかしくなります。

※自己弁護として書き添えておくと、「当たり前にできるように、一人ひとりに合った工夫を取り入れる」ということは積極的に行っていました。例えば、授業中に子どもが疲れたときには、リフレッシュしてよい姿勢でいられるように体操の時間を組み込む。宿題は必ずできる量と内容を出す。給食はその子が食べられる食材を見極めて、個に応じて量を減らす、などです。

もちろんこれらの「当たり前」ができるのはすばらしいことですが、よくないのは「指導する立場の人間が、『子どもたちをできるようにさせるのが当たり前』と信じ込んでいること」です。

「当たり前」と感じている人は、子どもができるようになっても、認めてほめることをしなくなりがちです。「それができたら、次はこれね」と、次の「当たり前課題」を子どもの目の前に差し出すことを繰り返してしまうのです。徐々に「ついていけない」と感じる子どもは、いつかがんばることをやめてしまいます。子どもが学校で行っていることの一つひとつは、決して「やって当たり前」ではないんですよね。

一方で厄介なのが、この「当たり前」が上手にできるクラスは、他の先生からほめられ、認められてしまうという点です。

・めい先生のクラスの自習を見に入ったけど、どの子も落ち着いて静かにできてすごいね。
・（栄養教諭の先生が職員会議で）１学期、毎日給食を完食できたクラスは、●●先生、△△先生、めい先生の学級です。（拍手パチパチ）
・書き初め展の学年代表は、めい先生のクラスでいきましょう。

他の先生からほめられるたびに、私は脳内で「教師として、これが正解で大丈夫」と答え合わせをしていました。他の先生から、子どもがほめられたら自分がほめられていると感じ、子どもが叱られたら自分のせいだと感じていたのです。当たり前のことができる子どもは、他人から評価される。社会に出て立派な大人になれる、そう確信していました。

しかし、これは大きな間違いでした。

あるとき、親交の深い教員仲間がふと放ったひと言が、私にとっては衝撃だったのです。
「うちのクラス、授業中に席に座っていない子もいるけどさ。子どもなんて、そんなもんだよね」

この友達は、すごく優秀な先生です。クラスは毎年まとまっているし、子どもたちは先生のことが大好き。２人の兄弟のママで、職場でも家でもいつも笑顔です。

過去の私のやり方は、「できて当たり前」と子どものことを管理して、どの子も１から10までできるようになることを目指すスタイル。一方、この先生のやり方は、子ども自身での成長を期待して、クラスでの居心地のよさを優先するスタイル。どちらにもよさはあると思います。しかし、子どもが満足感をもって自分から自立に向かうためには、居心地のよさを優先させるスタイルの方がずっと重要だと、今は思っています。

ポイント

・学校には、「やって当たり前」が多すぎる。
・「当たり前」を押しつけられた子どもたちは、苦しい。
・居心地のいいクラスでは、子どもが自分から伸びていく。

3

特別支援を進めるための絶対条件「信頼関係」

「黄金の3日間」本当の意味

教師の中では有名な「黄金の3日間」という言葉があります。これは4月にクラスがスタートして、その学級運営がうまくいくかどうかは最初の3日間にかかっている、という意味です。黄金の3日間のことを「クラスが荒れないように、子どもたちをしっかり締める期間」と思っている先生がときどきいますが、それはちがいます。

私はこの3日間を、「このクラスでの○と×を、子どもに知らせる期間」だと考えています。子どもにとって、どんなことをしたら評価され、どんなことをしたら注意を受けるのか。この基準が明確であればあるほど、子どもは自分からよい行動を取ろうとします。これは「子どもを締める」という考え方の上では、成り立ちません。大人と子どもの信頼関係が前提となるからです。

一方、子どもの立場から見た黄金の3日間は「先生が信頼できる大人かどうかを、見極める期間」となります。信頼できる大人とは何でしょうか。私はこう考えています。

・話に矛盾がなく、何事にも子どもが納得する説明ができる。
・子どもの心情へ、寄り添いのひと言がいつでもある。
・正しいことをすればほめるし、正しくないことをすれば叱る姿勢が明確。
・目立たない子に対しても、ほめポイントを見つける。
・子どもとの約束を守る。
・間違えたときに、相手が子どもでも謝れる。
・「叱る」「ほめる」基準を明確にもっている。基準を言語化して全体に伝えている。
・誰に対しても同じ態度である（ひいきがない）。
・先生自身の欠点を理解して、子どもに伝えている。
・全体と同じくらい個を大事にしていて、子どもが「大切に扱われている」実感をもてる。
・反発しても、ルールを破っても「この先生は自分を見捨てない」と感じられる。

・この先生の言っていることは理解できるし、間違えても許してもらえる安心感がある。
・助けを求めたら、手を差し伸べてくれると信じられる。

このように、子どもたちは本能的に、先生のことを「信頼できる大人かどうか」見ています。子どもは「優しい先生がいいな」なんて言ったりしますが、これは子どもならではの表現です。大切なのは「優しいかどうか」ではありません。「優しくて信頼できる先生」「厳しいけど信頼できる先生」、どちらもつまり、信頼できる先生の言うことなら、子どもはがんばって聞こうとします。

私が特別支援学校で教員をしていたころ、「子どもとの信頼関係」問題に毎日直面していました。知的障害のある子どもたちが学ぶ、支援学校の小学部でのことです。私より5才年下のA先生と一緒に3年生のクラスを担任したことがありました。そのクラスの1人Sくんは、当初私の言うことをまったく聞いてくれませんでした。朝、玄関で出迎えた私が「おはよう！　靴を脱ごうか」と話しかけると、Sくんは急にいたずらっ子のような表情に変わり、そのまま校庭へ走っていきます。朝から追いかけっこ（追いかけられっこ）が始まってしまうのです。4～5月はずっとそんな状態で、5月の運動会でも私とSくんは、保護者や他の学年みんなの前で追いかけっこを披露していました（このころは教員としての自尊心とか、自己肯定感とかは、もうズタボロでした…)。

ところが、A先生がSくんに指示を出すと、すっと落ち着いて行動できるのです。A先生は大きな声は出しません。猫なで声でもありません。日常会話のトーンで、「Sくん、靴を脱いでおいてね」のひと言で、Sくんは次の行動に取りかかれます。一応、教員歴では私の方が先輩ということになりますが、子どもにとってはそんなの関係ありません。子どもたちが先生の指示を理解して行動する根源になっていたのは、圧倒的に「信頼」です。A先生は前年度からのもち上がりでしたので、私はA先生から、Sくんとのかかわり方を何度も聞いて、信頼関係をつくっていきました。このときに大切なのが、「どうすれば指示を聞くようになるか？」ではなく、「Sくんと信頼関係をつくるには、どうしたらいいか？」という考え方です。それが「信頼できる大人」に繋がります。この「子どもとの信頼関係をつくる」は、教育の一番の根っこです。

ポイント

・どんな教育でも、まずは子どもとの信頼関係が必要。
・子どもは「信頼できる大人かどうか」を、いつも見ている。

4

学校と保護者を繋ぐ「支援計画」

支援計画は、最高の「協力ツール」

個別の支援計画、あなたの学校では書かれていますか？　支援計画には「個別の教育支援計画」「個別の指導計画」の2つがあります。まず、教育支援計画は、子どもの情報シートです。子どもの好きなことや、連携している機関を、関係者でシェアするためにつくります。一方、指導計画は、その子にとって今必要な学びを、オーダーメイドで計画するものです。担任の先生が、子ども本人と保護者と一緒につくり上げていきます。これらをまとめて「支援計画」と呼ばせてください。

実はこの支援計画、通常の学級の先生たちにはあまり人気のないツールです。なぜかというと、こんな理由が挙げられます。

・困りごとがある子がクラスにいた場合でも、書かなければいけない決まりはない。
・支援計画を書くとなると、少なからず時間が取られる。
・1人だけ特別に計画を書くとなると、不公平になるのでは？　と不安に感じる。
・「個別の支援」と言われても、何を書けばいいのかわからない。
・支援計画を書いて渡したくても、保護者から拒否されるかもしれない。
・書いたとしても、計画通りにならないことの方が多い。
・支援計画の教育的な効果を感じられない。
・個人情報なので、厳重に保管しなければならず、扱いにくい。

このようにマイナスイメージが強いですが、使い方によっては最強の武器になります。

私は、発達の凸凹がある子の保護者に向けて講座を行っているのですが、その講座生である方々に「学校で、支援計画をつくってもらっていますか？」と聞いてみました。「はい」と答えた方は支援級在籍では100％、通常の学級在籍では50％程度でした。私のところに学びに来るほど、子どもの発達を心配して、学校との連携をがんばりたいと思っている保護者のみなさんなのに、通常の学級だと50％です。

正直に言って、通常の学級の先生たちが支援計画を完璧に書けるようになる必要はないと思っています。まず30人以上の子どもたちを目の前にして、支援計画を書く時間を取ること自体が大変です。さらに、通常の学級の先生が、「子どもの困りごとに合わせて、適切な支援を考えて提案する」のは、あまりに専門性が高すぎます。さらなる問題は、「どうやって特別支援教育を進めたらいいのかわからないのに、いつでも教えてくれる人がいない」こと。わからないときにいつでも聞ける人がいないのです。

先生の想いと保護者の想いを言語化して、同じ方向を向いていくために、支援計画は強力なアイテムです。「保護者とうまく連携ができない…」と悩んでいる先生は、支援計画を書いてみることで一気に悩みが解消する可能性もあります。なぜならば、支援計画があると、先生が学校でどんな風に子どもに接しているのかが保護者に見えるようになるからです。支援計画を通して「先生は、うちの子を大切にしてくれている」と保護者は感じられます。そして支援計画は、必ずしも先生が1人で書き上げる必要はありません。

例えば、こんな方法はどうでしょうか？

・特別支援教育コーディネーターと相談して書く。

・通級の先生と一緒に書く。

・スクールカウンセラーと相談して書く。
・外部機関と連携して書く（支援センター、放課後等デイサービス、相談支援専門員、保育所等訪問支援、ケース会議など）。
・インクルーシブ教育システム構築支援データベース（インクルＤＢ）を使う（https://inclusive.nise.go.jp）。

ただでさえ先生たちは仕事が多く、「支援計画なんて、プラスの仕事をやる時間ないよ～」という嘆きをたくさん聞いてきました。ただ「保護者の信頼を得て、一緒に子どもを育てていく」ということは、教師の仕事の中でも一二を争うくらい重要な仕事だと、私は感じています。保護者からの信頼があると、他の仕事がスムーズに進むのもまた事実です。そのために支援計画をうまく使いこなしていきましょう。

ポイント

・支援計画は、保護者の信頼を得られるツール。
・支援計画があると、「子どもを大切にしていること」が親に伝えられる。
・先生が１人で書く必要なし！　知っている人にどんどん聞こう。

5

「かわいい」は最強、「好き」は無敵

「主語は子ども」をわかりやすく伝える

「支援計画を書きたいと言ったら、保護者が激怒した」という話をあちこちで聞きます。「先生はうちの子を差別するんですか?」と、保護者が校長室に乗り込んできたケースも。先生はよかれと思って、支援計画の作成を提案しています。先生の時間を使って、プラスの仕事をしようとしているのに、どうして怒る保護者がいるのでしょうか?

それは、子どもを主語にして伝えられていない可能性が高いからです。

保護者が抵抗なく特別支援にかかわる提案を受け取るには、「先生が子どものことを真剣に考えてくれている」という実感がもてるかどうかが重要です。

保護者に「差別だ」と思われてしまう一番の原因は、「クラスのみんな」を主語にして伝えていることなんです。「お子さんが騒ぐと【クラスにとって】うるさい環境になってしまうから」「お子さんが教室から飛び出すと【クラスの授業が】進まないから」など、その子以外を主語にしているとうまく理解してもらえません。直接そうは言っていなくても、「あなたのお子さんがいない方が、クラスがうまくいく」という思いが透けて見えてしまうと、保護者は「うちの子は排除された」と感じます。

振り返って考えてみると、保護者に特別支援の提案をする前に、担任の先生は「今のままだと、この子本人のためにもよくない」と思った瞬間があるはずです。「自分では、この子を伸ばしてあげられない」と落ち込んだ日があるかもしれません。「この子も辛そうだし、周りの子たちにも影響が出ている」と、子どもみんなを主語に考えているはずです。先生は、こういう葛藤したことや、自分の努力や行動したことを、人に伝えることが苦手な人が多いなと感じます。日本人って、少なからずそういう傾向があるのではないでしょうか。「こんな工夫をしてみたのだけど、お子さんに対してうまくいかなかった」と自分の努力や失敗を人に言うのは、言い訳のような気持ちになる人が多いですし、それを言うと相手から反発を受ける気もしますよね。先生たちは本当に、真面目で優しい方が多いのです。

「かわいい」「好き」を伝えれば親は安心できる

そんなときに有効な方法があります。それは、「かわいい」と「好き」を、子どもと保護者に伝えることです。私が小学6年生を担任していたときの話です。保護者との面談で「一人ひとりを大切にした学級づくりをしてください」と言われたことがあります。これは最初に出てきた「教員にはなりたくない」と作文を書いた子のお母さんからの言葉です。

私が面談でその子の悪いところを伝えていたわけではないのですが、日々の子どもの様子から、「担任の先生が、うちの子のことを大切にしているように感じられない」という思いがあったのだと思います。

保護者からしてみれば、この言葉を私に伝えることそのものに勇気が必要だったでしょう。担任として「子どもを大切にしている」ことを子どもや保護者に感じてもらう、これってなかなか難しいですよね。しかしこれは「かわいい」と「好き」で解決しました。

保護者との面談では、子どものかわいいところと、好きなところを伝えてください。

子どもが小学校高学年でも、中学生でも、高校生でもです。「かわいい」という言葉には、

「無邪気で憎めない」という意味がありますよね。「一般的には短所に見える特徴でも、私から見ると、この子らしくていいと思いますよ」という意味で「かわいい」を伝えます。
さらに「この子の、こんなところが好きですよ」も伝えられたら最高です。発達に凸凹がある子の保護者は、いたるところで子どものできないことを指摘され続けています。苦手なことについては、百も承知です。そのうえで、その子のかわいいところや好きなところを見つけて伝える。つまり「別の角度から見たら、この子にはこんないいところがありますよ」と伝えるのです。保護者は、「先生は、うちの子を肯定的に見てくれている」「先生は、うちの子の隠れたよさに気づいてくれている」と感じるようになり、先生は同じ目線で子どもを大切に育てようとしてくれている味方だと思えるようになります。さらに、「この先生は、うちの子を見捨てないでいてくれそうだから、安心できる」と、安心安全の場をつくることができます。保護者との連携にも、安心と安全が必須なのです。

ポイント

- 子どものよさは、いろいろな角度から探し続けよう。
- 「かわいい」と「好き」は、保護者にどんどん伝えよう。

第２章

学校と保護者双方の願いから考えるお悩み相談30

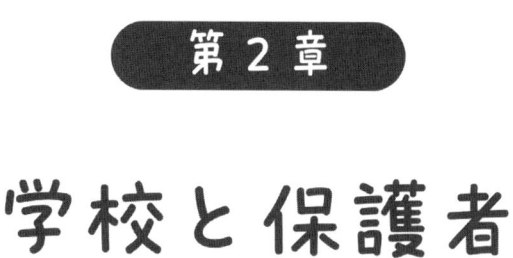

0

相談を受けるときの基本スタンス

キーワードは「妄想族」

「妄想」とは、面談に来る保護者の心の葛藤を想像し尽くすこと。それができる先生のことを「妄想族」と、私は呼んでいます（笑）

私が教員時代に、M先生という先輩がいました。M先生は後輩に対して、いつも一歩先の目線から声をかけてくれます。「今朝、出勤がギリギリだったけど大丈夫？　お子さんの具合悪かったの？」と、まるで隣で私のことを見ていたかのように。M先生は教員になってから一度もクレームを受けたことのないレジェンドなのですが、その秘訣は「相手の奥底の気持ちをとことん想像すること」だそうです。私もたくさん学ばせていただきました。

教員として、30人以上の子どもと保護者に対応していると、どうしてもこなしていくことで精いっぱいで、丁寧な対応がしにくくなりますよね。面談時期には、１件終わるごとに「今日はあと、４件か…」なんてカウントダウンしていた私です（汗）

疲れている毎日だけど、面談は先生と保護者が直接話せる貴重な時間。「保護者から信頼される面談にしたい！」と思う先生は、ぜひ妄想癖をつけてください。

・保護者がどんな思いで、その相談をもってきたのか？
・昨日まで、保護者と子どもはどのようなやり取りをしたのか？
・親族や配偶者にはどう言われているのか？

など、保護者の見えない気持ちや行動を妄想していると、自然といい面談になります。

保護者にじわっと広がる「傾聴アレルギー」

保護者の話を聞くときは、「傾聴が大事だよ！」と何度も聞いたことがあると思います。

そもそも、傾聴って何でしょう？　共感して聞くこと？　目を見て話を聞くこと？　傾聴とは、「相手の気持ちを拾いながら、心を傾けて話を聴くこと」だと私は考えています。

しかしここ最近、保護者の中に「傾聴アレルギー」がじんわり増えているのをご存じでしょうか。「先生今、傾聴モードに入ったな」と保護者が面談中に感じ、さらに「対応にガッカリすること」を、私は傾聴アレルギーと呼んでいます。「悩み解決のヒントがほしいのに、傾聴（ただ聞いて共感する）だけされて、解決に近づかない時間の積み重ね」が、傾聴アレルギーの正体です。とはいえ、アドバイスばかりしている先生は「理解してもらえない」と保護者に感じられるのは、言わずもがな。そこで有効なのが、「目的」、「方法」、「期日」を決めていくことです。

例えば「宿題が多すぎです」の相談は、まず「保護者の困りごと」を掘り出していく作業からスタートです。「宿題に時間がかかりすぎていて、寝る時間が深夜になる。親も辛い」この困りごとをもとに、アイデアを出し合って目的・方法・期日を決めていきます。

【目的】早く寝て、家族の生活習慣を整える。

【方法】宿題をやる時間は夜8時までとする。残った部分は、土日にゆっくりやる。

【期日】まず2週間やってみる。2週間後、電話でお互いに状況報告をする。

このときに「特別扱いはダメ」と思わなくて、大丈夫。視力が低い子がメガネをかけていいように、宿題が辛い子は量を減らしてOKです。これが「合理的配慮」です。

相談を受けるときの基本スタンス　まとめ

・保護者の「相談までの葛藤」を徹底して妄想する！
・「目的」、「方法」、「期日」を保護者と約束する！
・「特別扱いは不公平」の考え方を捨てる！

CASE 1

先生が怖くて、学校に行きたがりません。

保護者の立場から

先生が怖くて、学校に行きたがりません。先生が怒っているのが怖いと言っています。子ども本人が怒られるわけではなくても、他の子が怒られるのも怖いようです。

保護者の気持ち

先生と子どもの相性がよくないのかな…。初めてのタイプの先生で、戸惑っているのかな。どうにか折り合いをつけて、毎日学校へ行ってほしい。

担任の気持ち

担任がしっかり様子を見ることで、子どもたちが成長できる。優しさだけでは、集団は乱れてしまう。どの子もある程度は、厳しい環境にも慣れていってほしい。

学校としての考え

子ども本人の気持ちも、先生の気持ちも大切。子どもが毎日登校できるようになるためのサポートをしたいが、時間も人的資源も限られていて歯がゆい。

気をつけるのは、子どもとの距離と保護者との距離

このタイプの子どもは、年々増加しているように感じます。

スクールカウンセラーをしていると、低学年から高学年まで、年齢も性別も問わずに「先生が怖くて、学校に行きたくない」という子どもと出会います。先生から見ると、「昨日までは何ともなかったのに、どうして？　むしろクラスの中で優等生に見えていた子どもが、急に登校しぶりになるなんて…」と驚くケースもよくあるのです。

一方、「小学校に入って初めて、大人が大きな声で怒っている場面を見た」という子どもも少なくありません。「最近の子は叱られ慣れていない」と言われたりもしますよね。

保護者に聞くと、こんな話をしてくれる方がいます。

「自分が厳しく叱られて育てられてきたから、子どもには優しく接してあげたい」

「叱らない子育ての情報を読んでから、子どもの意思を尊重している」

たしかに、強く叱られる経験をする子どもは、昔と比べて少ないように思います。

こういう環境で育ってきた子どもにとっては、「大きな声を出し続ける大人」「すぐに激高する大人」は恐怖です。ただ怒られることが怖いだけでなく、「先生がどのタイミングで怒るのかがわからなくて、まるで地雷原にいるような気持ち」のまま1日を過ごしているからです。一定期間はがまんすることができても、がまんの限界がきて、ある日ぷつんと心の糸が切れてしまうことがあるのです。

「先生が怖くて、学校に行きたくない」と言う子どもは、PTSD（心的外傷後ストレス障害）になっている、もしくはなりかけている可能性があります。自分が叱られたわけではなくても、人が強く叱られている様子を見て、トラウマになる子どもも多いです。

また、「先生が怖い」という子どもの中には、発達に特性があり、トラウマ的に感じている子どもが存在します。ASD（自閉スペクトラム症）の特性には「タイムスリップ現象」と呼ばれる症状があります。これは、過去の楽しいできごとや辛いできごとを突然思い出して、あたかもその場にいるかのように感じる症状です。そもそもASDの子どもたちは、小学校という集団生活の中でストレスを感じることが多いため、辛い記憶を抱えやすくなってしまうのです。

ここで1つ大切なことは、「子どもは親の感情に共鳴して、親の感情をそのまま受け取る」ということです。保護者が心から先生を信頼していれば、子どもも先生に心が近づいていきます。先生が笑顔で保護者に話しかけている姿が見えれば、子どもはとても安心します。子どもが「先生は怖くない」と感じられるように、周りの大人で環境をつくっていけるといいですね。

先生と保護者ができる対応を順に書いておきます。

①「先生のどの行動を怖がっていたのか」保護者から丁寧に聞き取りをする。
②保護者や他の学校職員を通じて、子どもに先生の思いや人となりを伝える。
③子どものペースで、先生との接触回数を増やす。
④教室あるいは別室にいられる時間を、少しずつ増やす。

ポイント

・子どもの気持ちを丁寧に聞き取る。
・子どもが先生の人となりを知り、心を通わせられるようにコミュニケーションを取る。
・保護者と先生が、信頼し合っている様子を子どもに見せる。

CASE
2

給食が食べられなくて、休むと言っています。

保護者の立場から

子どもが給食を食べられなくて、学校を休むと言っています。小さいころから偏食で、家でも苦労しています。先生は給食を「必ず食べなさい」とは言わないけれど、本人は行きにくいそうです。

保護者の気持ち

給食は食べなくてもいいから、学校へ行ってほしい。食べられないものがあったら「残していいですか」と自分から言えるようになってほしい。

担任の気持ち

昔なら給食は、完食が当たり前だった。今から苦手な食べ物を減らしておいた方が、この子のためになるのではないだろうか。ただ、強制はしないようにしている。

学校としての考え

栄養教諭は、毎日のこんだてを「児童又は生徒1人1回当たりの学校給食摂取基準」にもとづいて決めている。できるだけ子どもたちに給食を食べてもらいたいが、強制してはいけない。

給食は、その子のペースでがんばる時間にする

「担任の先生が、子どもの口に無理やり給食を詰め込んだ」
「時間内に給食を食べきれない子どもに、昼休み以降も食べるよう強要した」

最近はこんな学校のニュースが、飛び込んでくるようになりましたね。
私は今も昔も、トマトが大の苦手です。小学生時代、給食にトマトが出てきたときは、ひと口も食べることができなくて、よく「居残り給食」をさせられました。昔は「先生に怒られながら、昼休みまで残って給食を食べさせられた」なんて話は、珍しくありませんでしたよね。こんな話をすると「私も！」「自分も！」と、たくさんの居残り給食エピソードが届きそうだなと感じています。

私は当時の担任の先生のことが、今でも大好きですが、令和の時代になって考えてみると、昔の学校教育には「給食は食べさせて当たり前」という思い込みがあったのでしょう

ね。先生のせい、というよりも、日本全体が戦後の「もったいない精神」を受け継ぎ、学校給食においても「完食主義」をつくっていたように思います。

当然のことですが、食べられる量は人によって差がありますよね。最近では、学校の中でも「子どもに無理やり食べさせることは、体罰である」という正しい認識が広がっています。

最近の学校で給食の様子を見ていると、給食の時間に「食べられなかったら残していい」とか「最初から減らしていい」という指導をする先生が増えています。

ご相談の子どものように、給食がネックで学校に行きたくない状況なら、先生と保護者で相談して、給食をスモールステップにして進めることをおすすめします。

例えば、こんなステップはどうでしょうか。

・親子でこんだて表を見て、どのくらい食べられるのか話をして、見通しを立てる。
・食べられる量の見通しを、連絡帳などで先生に伝える。
・配膳のときに最初から量を調整して盛りつける。

・終了時刻を決めて、食べきれなかったら終わりにする。
・牛乳が苦手な場合、飲める量を事前に持参したコップに分けて飲む。
・その日にどのくらい食べられたか、子ども自身と先生で振り返りをする。
・目標達成できた日には、シールやスタンプをためて達成感を共有する。
・保護者にも情報を共有して、家庭で励ましてもらえる環境をつくる。

大切なポイントは、「子どもにとってがんばる時間があること」と「がんばってよかったと思える環境があること」です。
子ども自身の苦手に対して、大人が寄り添ってくれた経験は、子どもにとって自己肯定感を上げるきっかけになりますよ。

ポイント

・子どもと保護者と先生みんなで、小さな目標に向かうこと。
・「食べなくて済む環境」より「がんばってよかったと思える環境」を用意する。
・子どもが達成感を感じられる場面づくりをすること。

CASE 3

友達トラブルが多いから、絶対に人をつけてほしい。

保護者の立場から

うちの子はコミュニケーションが苦手で、すぐに友達に手が出ます。幼稚園（保育園）時代には補助の先生がついてくれていました。小学校でも、友達トラブルを防ぐために人をつけてください。

保護者の気持ち

1人でいいから大人が見ていてくれたら、うちの子はトラブルにならないのに…。たくさんの親に謝ってきて、もうこれ以上謝りたくない。心が疲れた。

担任の気持ち

つけられるならつけたいけれど、管理職に伝えても「人がいない」と言われるだけ。手を出された子どもの保護者からクレームのような連絡も届いていて、今後の学級経営が非常に心配。

学校としての考え

申請を出すことはできたとしても、学級担任も足りていない現状。補助の先生をつけるのは難しい。その子に対して手厚いサポートが必要ならば、通級や支援学級をすすめざるを得ない。

保護者からの要望よりも、隠れた「不安」を見る

「大人をつけてもらえたら、ほかの子と一緒にできるのに」という気持ちの保護者は、たくさんいます。幼稚園（保育園）時代は、比較的すぐに補助の先生をつけてもらえた経験があるのかもしれません。しかし、幼稚園（保育園）と小学校では仕組みがちがうため、保護者が希望して加配の先生がつくケースはあまり多くありません。

こういうケースの場合、「合理的配慮」という言葉も登場することがあるでしょう。合理的配慮とは「社会の中で困難さを抱えている人が、困りごとへの配慮を行政機関等及び事業者に求めることができる」もので、法律に明記されています。

ただ、「合理的配慮をお願いします」と言われた場合、学校は必ず補助の先生を用意しなければいけないか、というとそうではありません。合理的配慮のルールとして「提供者側の負担が過重でない範囲の配慮」とあるので、人員が用意できない場合にはどうしようもないことなのですね。

しかし、保護者から「人をつけてほしい」という要望が出た場合、まず考えてほしいことがあります。それは「保護者の本当の願いは何だろう？」ということ。実は保護者からの要望を叶えることが大事なのではなく、保護者の心の奥にある気持ちを引き出すことが大事なのです。

なぜ人をつけてほしいとまで思うのでしょうか？

それは子どもが集団の中でうまくやれていないことへの、不安が大きくなったから。「自分には、これ以上どうしたらいいのかわからない」ときに親の不安は大きくなります。

一見すると「無茶な要望を学校に通そうとしてくる困った親」に見えますが、別の角度から見ると、その保護者自身も困っているということ。「親が追い詰められている」と言ってもいいでしょう。私のところに相談に来る保護者の中に「私や息子と仲よくなると今後迷惑をかけることになるから、最初からママ友はつくらないようにしています」と言っていた方がいました。その保護者の方はこれまでさんざん、子どもの行動に対して他の保護者に謝り続けて、人との関係が怖くなってしまったそうです。

本質的には、保護者としてはどうしても加配の先生をつけてもらいたいのではありません。保護者の一番の願いは、子どもが集団の中で適応して、毎日を満足して過ごせること。それを達成するために、保護者なりに考えた一番よい方法が「加配の先生をつけてもらう」だったに過ぎないということです。

それならば、学校としてやるべきことは明らかです。学校側が、保護者の不安を取り除いてあげればいいのです。

親の不安を減らすためのチェックポイントを一緒に見てみましょう。

・トラブル報告を保護者に連続して伝えていないか。
・トラブル報告とあわせて、学校が行う対策案を保護者に伝えているか。
・家ではどんな対応をしてほしいか、行動を保護者に伝えているか。
・対策を行う場合、期間を決めているか。
・次回の経過報告日を、保護者とスケジューリングできているか。
・対策がうまくいかなかった場合の未来の見通しまで、保護者に伝えているか。

実は私の息子も、クラスの友達とトラブルになっていたことがあります。1週間ほぼ毎日、先生から電話が来ていたときには、夕方になるとスマホの着信音が鳴らないかとヒヤヒヤしていました。お忙しい中、先生から連絡がもらえたことは本当にありがたいことでしたし、感謝しかありません。ただ保護者としては、「では私は、どうすればいいのだろう？」と、明確な行動の答えがないまま、心をすり減らす日々でした。

具体的な支援としては、今は支援方法が書かれた書籍がたくさんありますので、参考にできると思います。このケースの保護者に向けてまずできることは、「先生たちがうちの子のために協力しようとしてくれている」姿勢を、学校ぐるみで伝えていくことです。

ポイント

- 一見、無茶に見える保護者の要望の中には、大きな不安が隠れている。
- 要望をどうするかではなく、保護者の不安をどう解消するかを考える。
- 学校でできること、家庭でできることを整理する。
- 短い期間の見通し、長い期間の見通しをお互いに理解しておく。

CASE 4

うちの子はもともとこういう子なので、検査は必要ありません。

保護者の立場から

クラスの中で問題行動を起こすのは、うちの子だけじゃないはずです。うちの子はもともとこういう子なので、検査は必要ありません。

保護者の気持ち

検査なんてしたら、うちの子の一生に影響が出て、今後ずっと差別されて生活するはめになるかもしれない。先生たちはその責任を取ってくれるの？

担任の気持ち

集団生活の中で、この子の困りごとがたくさん出てきている。このままだとほかの問題行動を起こす可能性や、本人の自己肯定感の低下が心配。早めに専門家に繋げてもらえたら…。

学校としての考え

クラスをまとめる先生にとって、子どもの問題行動への対応は大きな負担。担任の先生が心身ともに壊れる前に、何とかして保護者の協力を得て、解決にもっていきたい。

信頼できる人の存在が保護者の考えを変える

学校の先生をしていると、授業中に困っている子は、よく目にとまりますよね。机の上に教科書が出ていなかったり、隣の子にすぐ話しかけたり、席を立って歩いたり。先生の経験年数が増えるほど、「気になる子」を観察する目が研ぎ澄まされます。早めに専門機関に繋いであげた方が、その子の困りごとを減らせることを先生たちは知っていますし、「検査を受けてみては」と保護者に提案する機会も増えてくるでしょう。

私が学生時代、ディズニーランドでアルバイト（キャスト）をしていたときの、印象的な話を書かせてください。私は、ディズニーランドの中にあるお店で働いていました。当時、商品を購入するまで3時間ほどかかる人気ショップで、シフトに入った日は最初から最後まで大忙し。そもそも私は、ディズニーランドが大好きで、夢をもってキャストになったはずだったのに、商品陳列やゲストの列誘導などに疲れて、だんだんと笑顔もなく、声も小さい、ディズニーランドにあるまじきキャストになっていたのでした。そんな私を見かねた先輩キャストが、こんなことを話してくれました。

「あなたにとっての今日は、何日かあるアルバイトのうちの1日。だけどゲストにとっては、家族で3年前から計画していた、待ちに待った1日かもしれない。雪でも嵐でも、この日にしか来られない1日かもしれない。そう考えて、目の前のゲストに接してみて」

この話、学校の先生も同じだなと思っています。

心理検査など保護者へのサポート提案は、学校の先生にとっては何度も経験のあることかもしれません。しかし、提案される保護者にとっては、もしかしたら人生初めてのできごとで、価値観を変えてしまうくらいのできごとになる可能性もあります。保護者の中には「今までの自分の育て方がよくなかったんじゃないか」と自分を責めたり、「検査なんて言う人とはかかわりたくない」という防衛本能から、心の扉を閉ざしてしまう方もいます。

「うちの子はもともとこういう子なので、検査は必要ない」と話す保護者にとって必要なのは、「検査への考え方を変えること」ではなく「信頼して話せる人をもつこと」です。

そもそも今の日本社会にとって、発達特性があることや、特別支援のサポートを受けること自体が、特別視されすぎています。とはいえ、社会をすぐに変えることはできません。
それならば、保護者にとっての不安を先に出してあげることが有効です。「検査結果によっては、差別されるかもしれないと不安ですよね」「子どもの経歴に傷がつくかもしれないと、心配する方もいます」など、想定されるデメリットを先に出して、1つずつ明確に否定すること。それから、検査をした場合の家族の明るい未来を伝えてあげること。これらを信頼できる人から話してもらうことで、保護者はようやく、「子どものためになるならば、検査をしてもいいかもしれない」と感じられるようになります。大切なことは「子どもと保護者にとってのメリット」です。

ポイント

・経験の多い先生ほど、検査の有効性を知っている。
・保護者にとって、「人生初めての検査のすすめ」かもしれないと考える。
・子どもと保護者にとっての、検査のメリットを伝える。

CASE 5

同じクラスの子から暴言や暴力を受けていて、どうにかしてほしい。

保護者の立場から

同じクラスの子から暴言や暴力を受けていて、どうにかしてほしいです。学校で何とか対応できないでしょうか。

保護者の気持ち

いつも同じ子から嫌な思いをさせられていて、うちの子がかわいそう。「学校に行きたくない」と言い出す前に、大人が介入して環境を整えなければ。

担任の気持ち

すでに担任として、該当の子どもの暴言や暴力は注意している。できることはやっているのに、状況がよくならない。どうにかしたい気持ちは担任も同じ。

学校としての考え

暴言や暴力は絶対に許されないこと。大人の目を増やして何とか改善させないといけない。長期休暇を取っている先生も多く、マンパワーに限界がある中でも全力で対応したい。

暴言や暴力をする側の子どもも困っている

学校でいじめアンケートを取ると、「〇〇くんからいつも嫌なことを言われる」「嫌なことをされる」など、訴えがたくさん出てくるケースがありますよね。担任をしていると、「またこの子か」なんて感じることもあるかもしれません。

「友達に対して手や口が出る子の指導は毎日しているし、厳しく注意もしている。他の先生にも入ってもらって、いろんな大人がしっかり叱っているのに、どうしてこの子の心には響かないんだろう？」と、悩まれている先生のお話をよく聞きます。

実はこれは、子ども個人の問題として捉えない方がうまくいくことがあります。子どもの暴言や暴力も、第1章でお伝えした「安心安全の場をつくる」ことが大きなキーポイントなのです。

周りの子どもや大人にとっては、その子の行動が迷惑に感じるかもしれませんが、私は「暴言や暴力をする側の子どもも困っている」という視点を、忘れないようにしています。

言い換えると「まだ暴言や暴力でしか、自分の思いを伝えられない子」なのです。こういう子どもの場合、心の中に日々の疑問や不安が渦巻いていることがよくあります。

・どうしてほかの子も同じことをしているのに、自分ばかりが叱られるの？
・今日は先生の機嫌が悪そうだから、１日が不安…。
・同じことが起きているのに、先生の怒りの度合いが日によってちがうのはなぜ？

子どもたちの中にこのような心の声が充満してくると、困り行動が増えます。人は正解がわからない環境の中に長くいること自体、強いストレスを感じます。ストレスにさらされ続けた子どもは、その環境に反抗するか、無気力になるか、力をもつ人に従順になろうとするか、のどれかです。子どもにとって、「安心安全の場」がおびやかされている状態ですね。

では、子どもが暴言や暴力をしなくて済むにはどうしたらいいのか？
それは、「この先生なら助けてくれると、信じられる環境」を与えてあげればいいだけです。もっとできるなら、「先生に助けを求める練習」を繰り返して、手応えを感じさせてあげるとさらに効果的です。言い換えると「子どもが大人の顔色を確認しなくていい、やっていいことと悪いことがわかりやすく、例外が少ない環境」ですね。

まずは暴言や暴力が出ている子にアプローチした後、周りの子どもたちをたくさん認めて育てることに注力するのがおすすめです。「このクラスは優しい人が多くて、先生はうれしいな」「〇〇くんが怒っているときに、そっとしておいてくれてありがとうね」と、ほめることで正しい行動を伝えます。この「感謝のほめシャワー」をクラス全員にいつでもかけておけば、「今の自分たちの対応でいいんだな」と他の子たちも安心・安全を感じられるようになります。

ポイント

- 暴言や暴力は、子どもからのSOS。
- 暴言や暴力が出る子、周りの子、どちらにも必要なのが安心安全の場。

CASE 6

学校に置き忘れてくるものが多すぎます。

保護者の立場から

学校に置き忘れてくるものが多すぎます。もっと子どもを見て、持ち帰るものをちゃんと確認してほしいのですが…。

保護者の気持ち

学校で宿題を出しているなら、宿題で使うドリルやプリントをしっかり持ち帰らせてほしい。子どもがわざと持ち帰らないようにしているのか、家で宿題をやらなくていい習慣がついてしまっている。

担任の気持ち

30人以上いる子どもたちの持ち帰り忘れがないかを毎日確認することは、とても難しい。常に時間がない中、日々の学習や生活を進めることで手いっぱい。

学校としての考え

教科書やノートに加えて、近年はタブレットなど子どもの持ち物が増えている。一人ひとりの持ち帰り忘れを管理する余裕はなく、保護者からクレームが届くなら今後宿題を出せなくなるかもしれない。

「なぜ?」からつくり出す「構造化の教室」

保護者になってみて初めてわかったのですが、先生が思っている以上に、保護者からは学校のことが見えません。わが子が学校で忘れ物をしているかどうかも、よくわかっていない場合が多々あります。これは誰かが悪いのではなく、仕方のないことです。

子どもが小学校に上がったころは特に、「しっかりやらせないと」と気を張っている保護者が多いです。家で「忘れ物がないか」「宿題は理解しているか」など、細かく気を配っている保護者もたくさんいます。

特にそういう保護者の場合、子どもが学校に忘れ物をすることが続くと「家ではこんなに気をつけて子どもを見ているのに、学校ではうちの子に目を配ってもらえていないのでは?」と不満に感じるケースもあります。

私自身、小学2年生の担任をしていたときに、「子どもがプリントを持ち帰らない」と電話で相談を受けたことがあります。急いでその子の机の中を見てみたら、１週間分の手紙や宿題プリントが入ったままでした。お知らせを入れて持ち帰るための手紙ケースはというと、空っぽのまま使われていませんでした。その子は朝になると、「宿題を忘れました」と言いに来ていたけれど、本当は前日にプリントを持ち帰っていなくて、家で宿題ができなかった、という背景があったんですね。

それ以降は、徹底してクラスの構造化を意識することにしました。構造化とは、子どもが自分で考えて、安心して行動できるようにするための方法です。「①いつ　②どこで　③何を　④どうやるか　⑤どこが終わりか　⑥その後に何があるか」この６つの観点で、環境や活動を「見える化」します。

まず、子どもがプリントを机の中に押し込んでしまうのはなぜでしょう？　ここを深掘りして考えてみます。

プリントを机の中に押し込むのはなぜ？↓全体の流れについていくために焦っている↓時間に追われている↓手紙をもらって、とりあえず机の中に入れて完了している

それなら、どうしたら子どもが手紙ケースの中に手紙を入れて持ち帰りやすいかを考え、このような流れをつくりました。

⑴　手紙を配る前に、「手紙ケースを出す」全体指示を1つ追加する。
⑵　全員が手紙ケースを机の上に出したことを確認してから、手紙を配る。
⑶　手紙が配られたら、すぐに手紙ケースの中に入れるように指示→習慣化。
（余裕があれば折ることを指示、余裕がなければぐしゃっとしていてもOK）

この流れを、毎日掃除の後の時間に必ず行いました。子どもたちがやる行動に番号を振って、黒板にぱっと掲示するのです（番号は紙に書いてラミネートし、毎日使っていました）。この掲示が出た瞬間に、子どもたちは手紙ケースを机の上に出します。あとは私が全員の机の上を確認して、出していない子には「○○さーん（黒板の掲示を指さす）」と軽く声をかければ、すぐに手紙ケースを出します。手紙ケースを忘れた子には、クリアファイルを貸し出していました。

手紙を配ることのゴールは、子どもが保護者に手紙をきちんと渡せることです。手紙を保護者まで届けることのメリットは、学校からの情報を保護者が受け取れること。学校からの手紙を保護者が受け取れる場合の明るい未来は、保護者が担任の先生のことを信頼できるようになることです。

ゴールを見据えて、達成するための環境はどうすればつくれるのかをスモールステップで考えること。私はこれを、高学年にもやっていました。一見、手間に見えますが、そのひと手間が子どもの達成感をつくり、保護者と先生の信頼関係をつくるのだなと実感しています。保護者対応の時間や子どもの机の中の整理時間などが短くなることを考えると、効率のいいひと手間です。給食袋や水筒など毎日持ち帰るものがある学校の場合も、この構造化はおすすめです。

ポイント

・保護者は学校の中のことを、ほとんど知らない。
・「なぜ保護者が不安なのか？　なぜ子どもができていないのか？」を掘り下げる。
・クラスの中を構造化して、子どもが自分からできる環境をつくる。

CASE 7

登校しぶりがひどくて、支援級に転籍したいです。

保護者の立場から

登校しぶりがひどくてなかなか学校に行けません。そのため、支援級に転籍したいのですが、どうすればよいでしょうか？

保護者の気持ち

毎朝子どもが「学校に行きたくない」としぶるので困っている。学習が遅れるし、友達関係も心配。自分の仕事にも影響が出ている。支援級に転籍して、毎日学校へ行けるようになってほしい。

担任の気持ち

ほかの子どもへの対応もあり、なかなかこの子だけに時間をかけてあげられないことがくやしい。支援級の方が登校しやすいなら、それがいいのではないかと思う。

学校としての考え

現学級で登校しぶりへの対応をしきれなかったことは、申し訳ない。教育センターとのやり取りが必要ではあるものの、保護者と子どもの願いを伝えることは可能。

子どもと保護者の願いに寄り添う

最近は「発達障害」の言葉を筆頭に、特別支援教育の知名度が上がってきていて、保護者がもつ情報の量も多くなっています。私が発信しているInstagramでも、お子さんが支援級に通う保護者が、支援級の実際の様子を発信している投稿があります。

そういう背景からも、保護者の知識として「登校しぶりがあるから＝支援級に転籍できるというわけではない」と、わかっている方も中にはいるでしょう。

文部科学省「障害のある児童生徒等に対する早期からの一貫した支援について（通知）」では、特別支援学級の対象者を説明しています。簡単に言うと、ポイントは４つです。

・障害があるかどうか
・障害の程度がどのくらいか
・子どもの状態（心の状態、行動の状態など）

・学校や地域の教育体制

これらの情報を総合的に集めた上で、教育センターの担当者、校長、小児科や精神科のお医者さんの意見を出し合います。最終的には、保護者に向けて「あなたのお子さんは、この学級がおすすめですよ」という通知がくるのです。

つまり支援級に入るための条件は、自治体によって差があります。ですから「うちの子は、支援級に入れますか?」という相談は、教育センターとやり取りすることではっきりします。参考に、私が勤めている自治体の支援級への転籍の流れを簡単にご紹介します。

① 保護者が学校に、支援級に転籍したいと申し出る。
② 通常の学級での様子(本人が困っていること、支援級で学ぶ必要性)を、担任が記述して学校から教育センターに送る。
③ 教育センターの担当者と校長の間で連絡を取り合い、情報共有する。
④ 必要に応じて、保護者と子ども本人が教育センターで検査や面談をする。
⑤ 情報を取りまとめ、有識者の集まる委員会にかけられる。

⑥　支援級に転籍が可能かどうか、通知が送られる。

どの段階でも子どもの願い、保護者の願いをそれぞれ整理することが大事です。例えば、このような願いの例があったとしましょう。

子ども：安心できる教室で勉強がしたい。
保護者：楽しみながら毎日学校に行ってほしい。通常の学級の集団人数が多いなら少人数の支援級でのびのびと学んでほしい。

こういう願いをもっている場合、通常の学級における人数の多さが不安のもとになっているとしても、子どもの数を変えることは不可能です。ですから、その子にあった環境を模索していくことになり、支援級も選択肢の１つとなってきますね。

ポイント

- 文部科学省から通知が出ているものの、支援級への転籍基準には地域差がある。
- 学校や教育センターが、保護者と丁寧に連携していくこと。
- 子どもと保護者の願いを中心にして、検討を進めていくこと。

CASE 8

不登校、毎日学校に電話しなくてはダメですか？

保護者の立場から

子どもが不登校です。親としては、学校へ行けない日に毎日電話しなければならないことが苦痛です。欠席の連絡は、毎日しなくてはダメなのでしょうか？

保護者の気持ち

学校に連絡すること自体、緊張する。子ども本人は「もう行かない」と言っているし、学校に行くときだけ連絡する方法でいいのではないかと感じる。その方がお互い時間が取られないのでは。

担任の気持ち

最近はアプリを使った欠席の連絡方法も浸透してきているし、保護者がそう言うなら、登校するときだけの連絡でいいと思う。学校との距離が空いてしまうことが、心配ではある。

学校としての考え

学校としては、保護者が望む連絡方法で構わない。ただ、子どもにとって学校へ行かないことをスタンダードな状態にすることが、本当に望ましいのだろうか。

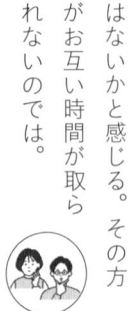

子どもを「何となく」不登校にさせない

私は、「学校への欠席連絡」という考え方だけで言えば、毎日の連絡はしなくてよいのではと考えます。ただしそれは、保護者と担任の先生の連携が、しっかり取れている場合に限ります。

子どもが不登校になったとき、動揺するのはどの保護者もほぼ同じです。

・このままずっと、子どもが学校へ行かなかったらどうしよう…。
・不登校のまま、高校にも行けなかったら…。
・不登校から、ひきこもりになってしまったら…。
・うちの子が将来、犯罪者になってしまったら…。

このように、保護者は学校へ行かなくなった子どもを目の前にして、悩みの渦の中で日々を過ごしています。子どもの不登校をきっかけに、うつ状態になる保護者は決して珍しくありません。

心を病んでしまっている、もしくは病みそうになっている保護者には、無理な連絡はさせない方がお互いのためです。

ただし大事なのは、保護者と担任の先生の連携です。ここで言う連携とは具体的に、次のようなことです。

・次はいつ、お互いに連絡を取り合うのか決める（次回予定決め）。
・次は、何について話をするのか決める（次回テーマ決め）。
・次の話し合いまでに、お互いにやっておくことを確認する（次回までの宿題）。
・担任以外の、繋がれる機関に繋がる。

担任以外の繋がり例としては、自治体の不登校支援、スクールカウンセラー、不登校の親の会、クリニック、放課後等デイサービスなど、多岐にわたります。

大切なポイントは、「子どもを『何となく』不登校にさせない」こと。周りの大人が自分のために一生懸命動いていることは、子どもに伝わります。

不登校の子どもは、周りの大人（保護者や先生など）がその子のために環境を整えようとしてくれるかどうかによって、その後が変わると言われています。家庭から学校への連絡がなくなり、もしその後学校からも連絡がしにくくなってしまうようなことがあれば、その子を見る大人の目がどんどん減ってしまうことになるのです。

保護者にとって心理的な負担になるのなら、無理をしてまで学校に連絡する必要はありません。ただし、子どもの未来を考えたときに、学校との連携関係は継続できるようにレールを敷いて、保護者との協力体制を築いていく方がいいと考えています。

ポイント

・学校と家庭でできることを確認して、それぞれが自分の役割をこなすこと。
・保護者と先生の関係は切らさないこと。
・次の話し合いまでの見通しをもって、お互いに信頼関係を築くこと。

CASE 9

宿題が多すぎて、毎日大変そうです。

保護者の立場から

学校で出された宿題が終わらなくて、いつも夜12時まで泣きながらやっています。こんなに大変なことをやらせなければダメですか?

保護者の気持ち

子どもにとって宿題が苦痛すぎて、いつも取りかかるまでに長い時間がかかる。本人は「絶対にやらないといけない」と言いつつ、一人ではやり切れないので、親の負担も辛い。

担任の気持ち

クラスの子どもたちの学習状況を考えたときに、このくらいの学習量をこなしていかないと、来年度以降の勉強についていけなくなる。習慣をつけるためにも、協力してほしい。

学校としての考え

最近は宿題の量を減らしたり、校内全体で宿題をなくしたりしている学校もあると聞く。とはいえ、宿題は基本的に、学年の先生たちの考え方に任せている。

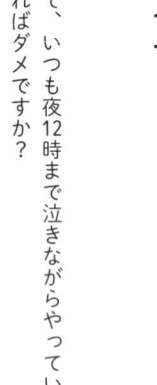

「宿題ができない理由」はたくさんある

私がスクールカウンセラーをしている学校にも、「毎日、宿題をやらせるまでが戦いです」と辛さを話してくれる保護者がいます。この子どもの場合は、やり始めればいつも15分ほどで終わるのに、取りかかるまでに数時間かかってしまうというお話でした。

ここで注目したいのは、「子どもが宿題のどんなところに負担を感じているか」ということです。「宿題が終わらない」とひと口に言っても、その困りごとには子どもによって全然ちがう理由が隠れています。

まず、できるならば子どもの気持ちを聞いてみたいですね。「あなたが夜の12時まで宿題をやっている理由はなんだろう」と、できるだけネガティブな雰囲気を出さずにフラットに聞けるといいでしょう。

といっても、自分の気持ちをぴったりと言語化できる子どもは少ないです。「わからない」とか「何となく」のような掘り下げにくい答えが返ってきたときには、「オープンクエスチョン」ではなく「クローズドクエスチョン」にしてみてください。

オープンクエスチョンとは、聞かれた側が自由に答えられる形の質問です。例えば、「どうして宿題が嫌なの？」といった質問ですね。

一方、クローズドクエスチョンとは、聞く側が相手に選択肢を与えて、回答を選んでもらう形の質問です。こちらの例としては、「宿題がやりにくいのは、問題がわからないから？」のような質問です。「はい」か「いいえ」の選択制になっているので、子どもにとっては言葉をたくさん用意する必要がなく、直感的に回答することができます。

また、クローズドクエスチョンのいいところは、「どうして〜なの？」という質問にならないことです。日本語の「どうして？」「なぜ？」の言葉は、受け手にとって「どうして〜しないの？　やるのが当たり前だよね？」という圧力を感じる可能性があります。日本語の使い方の難しいところだなぁと感じますが、圧をかけない聞き方がしたい場合は、クローズドクエスチョンがおすすめです。

話を戻して、子どもが宿題に時間がかかるケースでよくある理由を載せておきます。

・そもそも宿題がわからなくて進まない。
・本人の能力以上の量が出されている。
・過去に宿題で嫌な経験をしていて、終えられるイメージがもてない。
・家庭内が後回しにできる環境のため、延々と後回しになっている。
・次に何をやればいいかが明確になっていないため、自分から取りかかれない。
・親子関係がこじれていて、上から目線で言われたから反発してやらない。

子どもの考えを掘り下げつつ、宿題を減らすのか家庭の環境を変えるのか、保護者と先生で相談しながら、整理整頓することが大切です。

ポイント

- 子どもの気持ちをクローズドクエスチョンで聞いてみる。
- 宿題を改善するか、家庭で工夫してみるか、保護者と先生で相談する。

CASE 10

通級や支援級をすすめられすぎて疲弊しています。

保護者の立場から

面談のたびに先生から「通級に行ってみませんか?」「支援級という選択肢もありますよ」とすすめられていて、悲しい気持ちになってしまいます。

保護者の気持ち

たしかに学校でよくトラブルを起こすけれど、通級や支援級に行くほどとは思っていない。そんなにすすめられると、うちの子が厄介者扱いされている気持ちになる。

担任の気持ち

このままだとこの子は来年、再来年にはもっとクラスで過ごしにくくなることが予想される。早いうちから専門的に見てもらえた方が、この子のためになるはず。

学校としての考え

学校としてこの子の支援方法を検討しているものの、問題解決にはいたっていない。発達の専門家にしっかり見てもらった方が、子どもも本人も家族も安心なのでは。

どう説得するかより、誰が言うかが大事

最近、保護者からこの相談をよく聞きます。

担任の先生から見ると、「この子の個別指導に時間を取られて、全体指導に手が回らない」「専門的に見てもらった方がこの子のよさが活かされるのでは？」という２つの思いがあります。

一方で、保護者から見たときに、先生からの話をネガティブに受け取る場合は、「先生が楽をしたいから、うちの子に転籍をすすめているのでは？」「うちの子よりも他の子が大切だから、うちの子を排除しようとしているの？」と疑心暗鬼になっているケースがほとんどです。

このことからも転籍の話をするときは、保護者との信頼関係が確実にできているかどうかが、最も大切なポイントになります。

「子どもの学びの場を変える」というのは、その子にとっても保護者にとっても、非常に大きなできごとです。だからこそ、「どんな話をするか」よりも「誰が話すか」が重要になります。

それなら、校長先生（偉い人）から言ってもらえば手っ取り早い！　と思う方もいるかもしれません。しかし校長先生は、半分正解で半分不正解なんです。もちろん権威を感じる人からの話の方が理解しやすいタイプの保護者もいます。校長先生とか、お医者さんとか、肩書きを持っている人を信じるタイプは、男性に多い印象です。

私が担当させてもらっているケースの中には、校長先生ではダメだったけど、保健室の先生が伝えたら保護者が納得した、という事例がありました。保護者の話だと、「うちの子のことをこんなにわかってくれているこの先生が言うなら、間違いない」と感じたそうです。その子は長いこと、保健室登校をしていたお子さんでした。

担任の先生、保健室の先生、管理職の先生、療育の先生、病院の医師、心理士（師）、スクールカウンセラーなど、誰でも大丈夫。

人は肩書きだけで相手を信頼するのではありません。「自分のことをどのくらいわかってくれているか」「自分のためを思って、どのくらい本気で考えてくれているか」を敏感に感じています。だからこそ「自分のために言ってくれている」ことが本気で伝わったときに大きな信頼を寄せるのです。

人は自分にとっての明るい未来が見えないと、メリットよりもデメリットを強く心配してしまう生き物です。話の主語にその子どもと保護者を置いて伝えるだけで、何倍も理解してもらえるようになります。

ということはつまり、その子どもと家族が明るい未来を描けるように、その子どもと保護者のために考え続ける姿勢が見られているということなのです。

ポイント

・特別支援について何を伝えるかよりも、誰が伝えるかが大切。
・その子どもと保護者を主語にして伝えよう。

CASE 11

うちの子が困りごとのある子のお世話ばかりしていませんか？

保護者の立場から

うちの子が困りごとのある子のお世話係にされているようで、心配しています。席替えのときにいつも近くになっているのではないでしょうか？

保護者の気持ち

うちの子どもは自分のこともまだしっかりできていないのに、人のお世話ばかりしているなんて大丈夫なのかな。人の役に立つことはいいことだけれど、うちの子ばかり損な役回りになっていない？

担任の気持ち

席替えでは、いろいろな子と隣になるように配慮している。ただ子ども同士には相性があるので、困りごとのある子の隣になりやすい子がいるのも事実。

学校としての考え

「お世話係」という考え方はしていない。席替えを含む学級経営は担任の裁量によるので、保護者の心情も考えながら担任にうまくやってほしい。

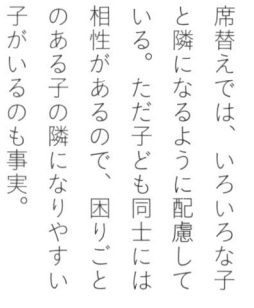

先生の力でネガティブをポジティブ変換

「○○ちゃん、次はこれを出すよ」なんて言いながら、隣の友達によく教えてくれる子っていますよね。担任の立場から見ると「優しい子だな」「この子がクラスにいてくれてありがたいな」と感じますし、その子を生活の中でたくさんほめたり、通知表にいい面として書いたりします。保護者にとってもうれしいことのはずですが、この保護者の心配のもとは何でしょうか？

小学生の保護者になってみて感じることは、「うちの子、学校でちゃんとやれてるの？」という心配です。わが家の息子は現在小学３年生なのですが、ある日ランドセルの中から１か月前の手紙が出てきたり、赤白帽子がなくなってすでに２回買い直していたり、家で見ていて「大丈夫!?」と言いたくなることがよくあります（笑）

私自身は担任だったころの経験があるので不安にはなりませんが、学校内が見えない保護者にとって、そうはいきませんよね。

今回のケースのように保護者が「心配」という言葉で伝えてくれたときは、心配に感じたエピソードを話してもらうことがおすすめです。

・自分ばかりがお世話をしていて、実は子ども本人が不満に思っている。
・自分の休み時間がなくなるなど、子ども本人が窮屈さを感じている。
・自分のことを後回しにして、本人の学びがおろそかになりそうと思っている。
・うちの子だけがお世話をするなんて、不公平だと感じる。
・席替えのときに、いつも隣にさせられている気がする。

考えてみると、いろいろな心配ごとがあると思います。

たしかに自分のことは後回しで、先に友達を手伝ってあげるタイプの子はいるので、保護者の方が心配になる気持ちはわかります。

それでも「人の困りごとに気づける」「困っている人に声をかけられる」ことは、その子の才能です。まずは子ども本人のよさとして大切に育てていきたいこと、お家でもポジティブに捉えて認めてほしいことを繰り返し伝えられるといいですよね。保護者や子どものネガティブをしっかりすくいとって、ポジティブ変換できる先生には信頼が集まります。

一方でこの質問は、「先生が、意図的にうちの子をお世話係にしているのでは？」という保護者の疑心の表れの可能性もあります。たしかに「この子が隣にいてくれると、○○さんがスムーズに物事に取り組めるんだよな」と感じる子はクラスの中にいますよね。先生は授業中も大忙しだし、ミニ先生をやってくれる子がいるクラスの安心感たるや！先生の気持ちはとってもわかります。そもそも30人以上の子どもを、大人１人で伸ばしていこうという環境に無理があるので、仕方のないことだとも思います。

今回の問題は、１人の子だけに負担がかかってしまっていること。
それならばできることとしては、次のようなことがあります。

・保護者の不安（ネガティブ感情）をすべて聞き取り、現状の把握をする。
・ネガティブは、できるだけポジティブ変換して手渡す。
・子どもの日頃の行動を、先生の立場から認めて保護者にも子どもにも感謝の言葉を伝える。

・子どもの将来を見通して、社会に出たときの強みになることを伝える。
・子どもが過剰な負担を感じていないか観察しつつ、本人にも聞き取る。
・子どもに不満などがあれば個別相談の時間などを利用して、話せる雰囲気をつくる。
・クラスのほかの子が思いやりの行動ができている瞬間を捉えて、周りも認めて育てる。

今回のケースでは、1人の子に負担が偏っている可能性が問題のタネでした。ということは、その子の気遣いスキルのすばらしさを学級の中に広めていけたらいいですよね。お手本行動を全体に伝えて、子どもたちの中にムーブメントをつくれたら、子どもも保護者も先生もクラスの子も、みんなが安心です。

ポイント

・保護者の心配ごとをすくいとり、ポジティブに変換する。
・人に優しくできることは子どもの強みであり、将来役立つことを保護者に伝える。
・クラス全体を育てるきっかけにする。

CASE 12

急に大きな声を出す子のことを怖いと言っているのですが…

保護者の立場から

急に大きな声を出すクラスの子のことを怖いと言っています。学校に行けなくなってしまったら困るので、その子に注意をしてやめさせてもらえますか？

保護者の気持ち

同じクラスの1人の子が怖くて、子どもが最近は登校をしぶりだしてしまった。急に大きな声を出すのはおかしいので、先生からやめさせてほしい。

担任の気持ち

気づいたときにいつも注意はしているものの、その子はどうしても大きな声をおさえられない様子。無理やりやめさせると心理的負担がかかりそう。

学校としての考え

保護者同士のトラブルにならないよう、保護者と先生の間でうまく連携をとってほしい。必要であれば管理職も面談に出ようと思う。

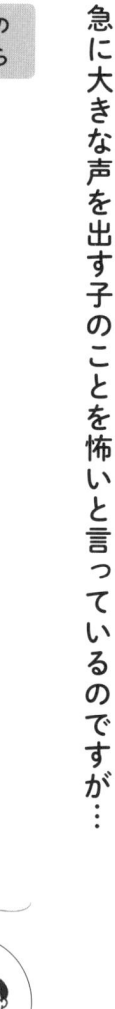

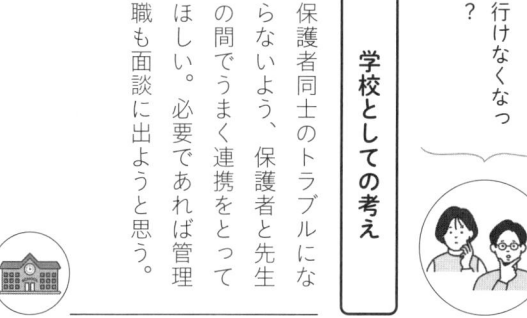

貞子にも必ずある、共通点を見つける

「公の場でどうしても声が出てしまう人」は、実は社会にたくさんいます。チックをもっている方、精神疾患をもっている方など障害のある方だけではありません。

つまり大きな声を出す人を異質だと見なして、やめさせようとしたり、排除しようとしたりする思考に向かわないためにも、小さいころからの「相互理解」が大事になるのです。

どんな人でも、「怖い」という感情は、知らないものに対して湧き起こります。例えば、幽霊が怖いのはなぜでしょう？　一つは、私たちが幽霊の日常を知らないからです。

怖い幽霊といえば、映画「リング」の貞子。不安を誘う音楽とともに画面から這い出る貞子に、当時強い恐怖を感じた方は多いのではと思います。

ではもしあの貞子が、画面の向こう側で何をしているかわかったとしたら？

・ついさっきまで、Instagramを見て「いいね！」ボタンを押していた。

・今朝は寝坊しちゃったから、「もう化粧は眉毛だけ書いて、マスクして出かければいい

や！」と言っている。
・「あ〜、また子どもと一緒に寝落ちしちゃった〜」と朝起きて後悔している。

こんな貞子を知っていたら、以前ほど怖さを感じなくなりませんか？　いくら怖いと思う相手でも、その人のことをたくさん知ると、恐怖心は薄くなっていくのです。

さらに、怖さを感じなくなるポイントの2つ目は「自分と相手の共通点を感じること」。先ほどの「貞子の日常」、これは私の日常です（笑）

もしもあの貞子と私にこんなにたくさん共通点があったならば、怖いどころか共感マックスで、声をかけたくなるくらいです。

人と人は、必ず何かしらの共通点があります。

大きな声を出している子の「いいところを見つけよう」と言われても、ちょっと難しくなるのですが、「あなたとの共通点を探してごらん」と言われると、すっと見つけやすくなるんですね。これは想像上の共通点でも構いません。例えば、電車の中で大きな声を出している方を見かけたとき、私はこんな風に考えます。

「あの方はもしかしたら電車が好きで、乗れたことがうれしいのかな。それとも今日はもう家に帰れるから、ほっとして声が出ているのかな。いつもとちがう車両に乗ったから、少し不安なのかもしれない。私もいつも使わない電車に乗るときは、乗ってから反対方向に進んで焦ることもよくあるから、心配だとしたら気持ちわかるな〜」という感じです。

これは、完全な妄想です。妄想であったとしても、その人の行動の理由を推察して理解しようとすることと、自分もそういう一面があるなと共通点を探そうとすることを意識してやっています。

本当に苦手な人と無理して付き合う必要はありませんが、これは社会の中で生きやすくなるスキルのひとつです。相手のことをいろんな面から見ようとする気持ちを子どもに育ててあげたいなと、常々思っています。

ポイント

・社会で生きやすくなるためにも、相互理解が大事。
・相手のことを知ろうとする気持ち、共通点を探すスキルを高めていこう。

CASE 13

去年の先生では問題がなかったのに、今年はおかしい…

保護者の立場から

去年の先生では問題がなかったのに、どうも今年の担任の先生に変わってから子どもの様子がおかしいです。「先生が怖い」と言っています…。

保護者の気持ち

新しい学年になったとたん、子どもが「先生が怖い」「学校に行きたくない」「先生のこの言葉が嫌だった」と言い始めた。先生の対応に疑問…。

担任の気持ち

人がちがえば学級経営の方法もちがう。去年の先生とちがって自分のやり方が厳しく感じる子どももいるかもしれないけれど、年齢相応の集団生活を身につけてほしい。

学校としての考え

体罰や行き過ぎた指導があれば、管理職として担任の先生を指導する。基本的に学級経営は先生の個性が出る場なので、必要以上に細かく指導することはあまりない。

親の不安と不満を減らすスクールカウンセラー

学校現場ではよく「子どもは全員、ランドセルと家庭環境を背負って学校に登校する」と言われます。私はこの意味を「保護者の心配や期待を一身に受けて、子どもは必死に学校に来ている」と捉えています。

スクールカウンセラーをしていると、保護者から「3年生の〇〇先生のときはよかったが、4年生の先生と5年生の先生が合わなかったから、子どもが学校に行かなくなった」という話をよく相談されます。「3年生のときの先生はどこが合うと感じたのですか？」と質問すると、「はっきりはわからないけれど、子どもがそう言っていたから」といった、あいまいな回答が返ってくることもしばしば。保護者は学校のことがあまり見えないと繰り返しお話してきましたが、ここでも「学校のことはよくわからないけれど、子どもが心配」状態が顔を出しているのです。この「親のよくわからない不安」を、子どもはランドセルと一緒に背負って登校しています。

このように訴える保護者は、「学校や先生が見えなくて不安」という想いを抱えています。それならば、先生との連携を強くしていくことで、先生の考えや先生の想いを知り、不安を安心に変えていけます。

ただし、ここで大きな問題がありますね。

学校の先生は今や、「忙しすぎて保護者のサポートまでしきれない状態」です。金八先生の時代を考えてみると、学校の先生は子どもだけでなく保護者の心の支えになっていました。今では到底考えられないような働き方モデルではありますが、子どもを育てる保護者や当の子どもたちにとっては、学校の先生たちの存在が大きな安心となっていたのです。学校の先生が家に夕飯を食べに来る金八先生の世界は、衝撃ですよね。

忙しい先生に代わって、保護者を支えるために登場したのが、スクールカウンセラーです。特に今回のケースのように、先生に不安を抱えている保護者であればスクールカウンセラーの中立的な立場がうまく機能します。

私のところに来てくれる保護者の中には、「管理職や特別支援教育コーディネーターは校内の人だから、きっと担任の先生の肩をもつだろうと思って、本音で話せない」と話す方もいます。こういうときこそ、スクールカウンセラーを通じて保護者と連携していくことがおすすめです。スクールカウンセラーに期待できる連携は、こんなことがあります。

・保護者との信頼関係を築き、保護者が安心して話ができる。
・保護者の考え方の偏りを、少しずつ修正していく。
・子どもの様子を見て、発達段階に応じたスモールステップを決める。
・保護者の願い、子どもの願い、先生の想いをすり合わせて、折り合いをつける。

「たくさんの大人の目で見る」ことは、子どものよい成長を促します。校内の人的資源をうまく使って、みんなが楽になる方法を見つけていきましょう。

ポイント

・保護者も子どもも、不安をはっきり言語化できていない場合がある。
・スクールカウンセラーをうまく活用して、保護者と子どもの不安を減らす。

CASE 14

引き継ぎはしっかりされているのでしょうか？

保護者の立場から

うちの子どもに関して、去年からの引き継ぎがきちんとされていないように見えます。そのせいで学校への不信感が拭えません。

保護者の気持ち

去年あんなに担任の先生と面談をして、子どもにとっていい環境を整えてきたのに、先生が変わったらまたふりだしに戻った。どうして学校内でしっかり引き継ぎをしてくれないの？

担任の気持ち

異動で前任の先生がいなくなると、満足に引き継ぎができないことはよくある。前任の先生との関係性だから話せた話題もあるだろうし、個人的なことは伝えすぎない方がいい。

学校としての考え

たくさんの児童がいるため、どうしても一人ひとりの引き継ぎに十分な時間をかけられない。先生たちの働き方改革もあり、新しく引き継ぎ書類をつくることも難しい。

まずはラフな支援計画から

先生たちなら「そうなのよ！」とうなずいてくれる方が多いと思うのですが、前任の先生からの引き継ぎはほとんどの場合が不十分です。私の経験では、クラス全員の中から特に気をつけて見た方がいい子ども5〜6人を選んで、前任の先生から見た所感を2〜3分ずつ話して終了、といった具合でした。

このときに、保護者の考えや悩みの共有があったことはほとんどありません。前任の先生が異動している場合においては、引き継ぎがまったくなかったり、他の先生から伝え聞いて引き継ぎをしたりすることもありました。

つまり、「先生からの引き継ぎが十分されていない」というのは、学校のシステムの問題であり、学校の先生のスケジュールが忙しすぎることから起きている残念な現象なのです。

保護者は、「去年の先生に伝えたことは、全部翌年の先生にも伝わっているだろう」と思っていて、新しい先生は、「去年のことは、ほとんど知らない」状態、という相談はとても多いです。とはいえ前任の先生としても、「次の先生にどこまで言っていいのかがわからないから、トラブルを防ぐために保護者からの話は口外していない」という配慮をしている場合もあります。先生と保護者、それぞれの予測がすれちがっている悲しい例ですね。

進級にあたり、必ず引き継がれる内容は「公的な書面」です。指導要録、通知表、あれば個人票（住所や保護者の連絡先など）は全員引き継がれます。ということは、お互いのすれちがいを防ぐために、「引き継ぐ内容は、公的な書面に残す」を徹底すれば解決するのです。公的な書面を用意しておけば、保護者との面談で「これは書面に載せておきますか？」と確認しつつ、合意を取った上で次年度の先生に情報を渡すことができますね。

私がイチオシの公的書類は、24ページでも説明した、「個別の教育支援計画」と「個別の指導計画」です。まとめて「支援計画」と呼んでいます。

支援計画をつくっている子どもは、その書類をもとにして必ず引き継ぎが行われます（もし行われていない学校があるとしたら、今年度からすぐに始めた方がよいです）。

先生たちにはもっとラフな気持ちで、支援計画を書いてもらいたいと思っています。最初に書き始めるときには時間がかかるかもしれないけれど、この書類があることで保護者から先生への信頼感は高くなるし、引き継ぎ効率がよくなるので、次年度以降の先生がとても楽になります。

「支援計画を書くなんて、うちの子を差別するんですか!?」と怒る保護者がいるという話も聞くことはありますが、最近は特別支援教育という言葉もかなり保護者に定着してきています。「子どもが学校で生活しやすくなるための書類」だとしっかり説明すれば、理解してくれる保護者は多い印象をもっています。

立派なものを書く必要はありません。見当ちがいの支援内容でもいいのです(もちろん専門的に相談できる人が校内にいれば、ぜひ相談してほしいです)。それでもいいくらいに、支援計画を書くメリットは大きすぎるのです。私は通常の学級の担任のとき、1年間に最多で4人の子の支援計画を書いていました。私の方から保護者に相談して、書くことを了承してもらいました。

・保護者と同じ方向を見て、子どもを育てられる。
・保護者の信頼を得られる。
・公的な引き継ぎとなり、次年度以降も子どもの環境を整えられる。
・子どもにとって有効なサポートが蓄積されて、オーダーメイドのサポート集がつくれる。
・先生自身の特別支援の専門性が徐々に高まる。

何度も言いますが、最初はラフな支援計画でＯＫです。マスを文字で埋める必要はありません。立派な専門用語を使う必要もありません。「こんな便利すぎるツール、使わない手はない！」と思って、ぜひ書き始めてみてください。

ポイント

・支援計画を書くと、引き継ぐ内容と引き継がない内容が明確になる。
・支援計画は、保護者の信頼感が高まる便利すぎるツール。
・うまく書かなくていいから、支援計画を書き始めることが大事。

CASE 15

お願いしているのに、交流へ行かせてもらえません。

保護者の立場から

うちの子は支援級在籍なのですが、先生にお願いしても、交流へ行かせてもらえません。うちの子に何か理由があるのでしょうか？

保護者の気持ち

まずは安心できる場所で学べるようにした方がいいと言われて支援級に入学したが、ふたを開けてみたらまったく交流に行かせてもらえない学校だった。どうして学校差があるの？

担任の気持ち

支援級の状況によって、教室に残る子どもを見る先生も必要になる。支援級に配置されている職員の数に限りがあるから、交流に行かせたくても行かせられない。

学校としての考え

学校ごとの文化として、交流が盛んかそうでないかは異なる。文科省からの通知もあり、むやみに交流へ行かせにくい時代になった。

子どもの現状に合っているかを判断する

交流とは、簡単に言うと「支援級在籍の子どもが、目的をもちながら通常級の子どもたちと一緒に活動すること」です。最近は特別支援教育に関する情報が世間にたくさん出るようになり、保護者もよく調べている方が多い印象です。ちなみに文部科学省から出ている「交流及び共同学習ガイド」によると、交流には２つの側面があります。

①　相互の触れ合いを通じて豊かな人間性を育むこと
②　教科等のねらいの達成を目的とすること

交流には、子どもが安心・安全を感じられる環境のもとで、コミュニケーションや教科の学習をする目的があるということです。

今回のケースのように「うちの子を交流に行かせたい！」と思う保護者の気持ちは、当然の感情だと思っておくと先生側は心が楽かと思います。「近所の友達と同じ教室で学んでほしい」「集団の中で生活することに慣れてほしい」「ゆくゆくは、社会の中で自立して生きていってほしい」といった願いのもと、保護者は交流を希望します。

保護者が交流を望む一方、学校としては保護者の思う通りに交流に行かせられないケースがあります。考え得る「交流に行かせにくい学校側の理由」を挙げておきます。

・子どもが交流を望んでいない。
・子どもにとって、交流の時間が学びではなく苦痛の時間になる見込みがある。
・令和4年に出た文部科学省からの通知により、交流の時間数が大幅に減った。

まず、令和4年の文科省からの通知については、国連を巻き込んだ大騒ぎになったので、記憶に新しい方もたくさんいらっしゃると思います。この通知を簡単にまとめると、こういった内容になります。

「支援級在籍の子どもが、無制限に交流に行っている学校があるが、それはおかしい。そういう子どもは、通常級に転籍した上で、通級に通うように。今後支援級に在籍している児童については、週の半分以上は、交流級ではなく支援級で過ごすことが望ましい」

少し乱暴にまとめてしまいましたが、話の中心はこういうことです。国がインクルーシブ教育に逆行しようとしている！　と、ニュースを騒がせました。通知が出た後、粛々と支援級の子どもを通常級に転籍させた地域もあれば、「そんなお知らせ、ありましたっけ？」という具合に、今まで通りのやり方で交流をしている地域もあります。

つまり、交流をするときに大切なことは、「子どもの現状の発達段階において、交流という手段に子どもの成長を促す効果が期待できるかどうか」です。交流に行ったからといって、子どもは勝手に吸収して成長できるわけではないですよね。むしろ集団の中で自己肯定感を下げて帰ってくる可能性も考えられます。交流によるメリットとデメリットを明確にして、先生と保護者の意図のすり合わせをすることが重要です。

ポイント

・交流に行くメリットとデメリットを、先生と保護者で共有しよう。
・子どもを主語にして、交流の必要性を考えよう。

CASE 1

教室から出て行ってしまう子への対応はどうすべき？

先生の立場から

教室から出て行ってしまう子がいます。保護者に伝えても「先生の対応が悪い」と言われてしまって、打つ手がありません…。

保護者の気持ち

家から飛び出すことはない。最近は先生たちも手が足りないとニュースになっているし、うちの子をよく見てもらえていないのではないか？

担任の気持ち

一度に30人以上の子どもを見ている立場としては、一人の子どもばかりを見ているわけにはいかない。教室から出て行ったとしても、追いかけきれない。

学校としての考え

教室から飛び出てしまうと、安全の確保ができない。校門から出てしまったときのことも考えると、学びの場を変えることも視野に入れた方がいいかもしれない。

先生は悪くない、保護者は悪くない、子どもも悪くない

最近とても増えている相談です。学校の中でなかなか打つ手が見つからず、子どもの行動がどんどんエスカレートしていくケースも少なくありません。こういう場合の、保護者の気持ちの移り変わり例をご紹介します。

①　教室から飛び出してしまうなんて、先生にご迷惑をかけて申し訳ない。何とかしないと…。
②　とはいえ、家から飛び出すことはないので、家庭としてできることがわからない。
③　先生から毎日教室から飛び出した報告の連絡がくるけれど、具体的にどうしていいかわからないため、悩む時間ばかりが増える。
④　去年まではそんなことなかったのに、どうしてなのだろう？
⑤　先生が変わったことで、子どもに合わない指導をされているのでは？
⑥　子どもが教室から飛び出す原因は、家ではなく学校にあるのでは？

対応が長引けば長引くほど、保護者の不安は大きくなっていくことが伝わると思います。では、先生としてどう行動すれば、保護者とうまく協力して子どもの行動を変えることができるのでしょうか。ポイントは3つあります。

①「子どもが何に困っているのか？」という視点で、保護者と情報共有する。
②専門的な立場の人と連携して、支援計画をつくる。
③1㎜でもよくなった部分を見つけて、子どもと保護者に伝え続ける。

子どもが教室から飛び出てしまう場合、「どこに問題があるか？」という視点で語られやすくなります。少し強く言うと、「犯人探し」が始まってしまうのです。「子どもに何か障害があるから、集団にいられないのでは？（子どもが原因）」「保護者が子どもの特性を受け入れられていないから、学校で問題行動が起きているのでは？（保護者が原因）」「先生の勉強不足、経験不足が理由で、子どもがクラスで安心できないのでは？（先生が原因）」のように、「自分以外のどこか」に原因を求めがちになります。これは「外的帰属」といって、社会心理学者のフリッツ・ハイダーが提唱したものです。つまり、人であれば誰しもこういう考え方をする可能性があるということです。このことを知っているだけでも、「あれ？　今、自分が原因帰属的な考え方になっているかも」と気づくことができます。

子どもが教室を飛び出す場合、誰に原因があるのかを探してもうまくはいきません。原因を探しているばかりでは、子どもの困りごとは解消しないからです。教室を飛び出す行動は、「自分は今、困っています」というシグナルなので、私たち大人がいち早くキャッチして、協力体制を組むことが重要だと思っています。


先ほどの「保護者の気持ちの移り変わり」を見て、お気づきのポイントはあったでしょうか。「具体的にどうしていいかわからない」ということが、保護者の最大の不安ポイントなのです。

それなら、先生から具体的な方法を提示できれば、保護者の不安は解消して、先生との連携関係もよくなるはずですよね。反対に「今日はこんな問題行動があった」「今日は何回教室を飛び出した」など、事実を伝えているだけでは、保護者は「自分の子育てを責められている」と感じて、「自分を守らないと、子どもを守らないと」と防衛本能が働いてしまいます。協力し合えたら子どもも親も先生も幸せなのに、どこかでボタンをかけちがえると、全員が不幸せになってしまうのです。

ですから、先生はぜひ特別支援の専門家と連携をしてください。「特別支援教育の専門性がない」などと揶揄されがちな学校の先生たちですが、特別支援の専門性がないのは当たり前なので気にしなくて大丈夫です。先生たちはそれぞれ教科の専門家。特別支援のことでわからないことがあれば、その道の人に聞けばいいだけですよね。

そのために各都道府県には、特別支援教育にかかわる部署が必ず設置されています。教育委員会や教育センターから専門の指導者を呼んで、アドバイスをもらえる仕組みが整っているはずです。管理職に相談するところから始めて、専門家に見てもらえば百人力ですよ。

そこから、学校でできることと家でできることを整理して、具体的に保護者に伝えてください。ここで大切なのは、「先生も行動するし、保護者も行動する」ということ。保護者だけががんばっている、先生だけががんばっている状況は、いつか連携を壊しかねません。先生も保護者もがんばっている環境があれば、子どもの行動は必ず変わります。

CASE
2

保護者から「専門性がない」「もっと勉強して」と言われて…

先生の立場から

保護者から「特別支援教育の専門性がない」「もっと勉強して」と言われることがあります。正直、学びに充てられる時間がなくて申し訳ない気持ちになります。

保護者の気持ち

自分よりも、先生の方が特別支援教育について詳しくないように感じる。今の時代、インターネットの世界でいくらでも学べることなのに、先生はやる気がないの？

担任の気持ち

よりよい学級経営をしたい気持ちはあるけれど、毎日の業務をこなすことで精いっぱい。本を読んでみても、うまくいったりいかなかったりする。

学校としての考え

県での研修を紹介したり、校内でも研修を組んだりしているけれど、学ぼうという意欲は先生個人にかかっている。育成という意味でも、どうにかしたい思いはある。

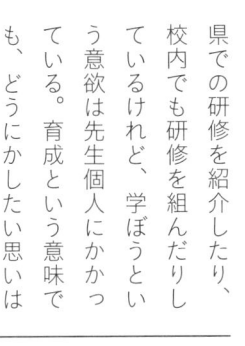

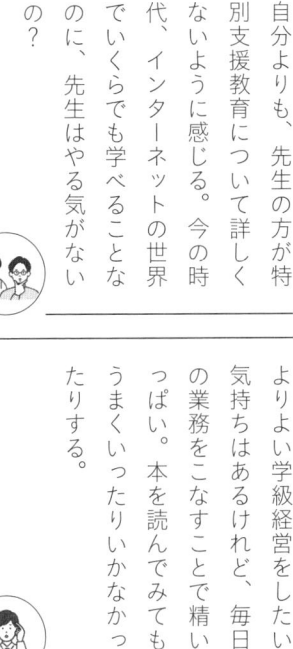

なんでも屋さんよりも、分野の専門家が大事

２０２２年12月、「公立小中学生の８・８％に学習や行動に困難のある発達障害の可能性がある」というニュースが話題になりました。これは文部科学省が行った、国の調査です。10年前に似たような調査をしたときと比べて、２・３ポイント上昇している、つまり、クラスの中で困っている子が増えているという調査結果となりました。35人学級なら約３人が困りごとに直面している状況ということになります。

正直、現場を見ている先生たちならば、「クラスで困っている子は、３人よりもっと多い」と感じるのではないでしょうか。私が小学校の教員時代、支援計画を最多で４人はつくっていましたし、支援計画がなくても、困っている子はもっといます。

しかもこの調査、「困っている子どもの7割が、特別な教育的支援が必要と判断されていない」という結果が出ているのです。さらにこの問題ありの状況について、文部科学省は特に「通級による指導を担当する教員等の専門性向上」を掲げています。この調査結果から、特別支援教育の知識がある教員を増やすことの重要性に気づいた国が、現場の専門家

を増やしてくれることを願うばかりです。

ここで気をつけなければいけないのは、「だからといって、現場の先生たちが特別支援教育の専門性を身につければよいというわけではない」ということ。特別支援教育は、どの子どもにも有効で、知識がある方が普段の学級経営の質が上がることはたしかです。しかし、先生たち、特に小学校の先生たちは、ほぼすべての教科を教える立場です。算数、国語、理科、社会、体育、図工、総合的な学習の時間など、すべての教科の準備をして、子どもたちが学びやすくなる工夫を毎日し続けています。その中で、行事、研究、校務分掌など、すでに多くの仕事を抱えているのです。

ここにプラスで特別支援教育の学びを、というのは非現実的です。

それならば、もっと専門家が学校に入って、いつでも相談できる仕組みを活用する方が効果があるだろうと私は思っています。

以前、Instagramで保護者の考えを聞いたことがあります。「学校の先生に、特別支援教育の専門性がもっと必要だと感じますか？」というアンケートを実施したのです。回答では、たしかに「特別支援教育の専門性を求める」という保護者もいるけれど、「あまり重視していない」という意見を送ってくれた保護者の方が多い印象でした（もちろん、私のアカウントをフォローしてくれているという点でまず、学校への理解が深い保護者の方が多いということを書き添えておきます）。

保護者が求めているのは、専門性よりもむしろ、「先生がうちの子のことをわかってくれているかどうか」「先生はうちの子を大切にしてくれているかどうか」ということでした。

私のところに寄せられる発達凸凹っ子の保護者からのメッセージには、

・担任の先生は新人さんで専門性は感じられないけれど、うちの子のことをよく理解してくれています。

・うちの子は、たくさん遊んでくれる担任の先生が大好きです。それだけで十分です。

・「もっと勉強したいから、お子さんのことを教えてください」と先生が言ってくれることがうれしいです。私たち親子をわかろうとしてくれている。

こういった声が圧倒的に多いのです。

学校の先生は、集団指導の専門家。

支援級や通級、支援学校の先生は、個別指導の専門家。

保護者は、「うちの子の専門家」。

ここにスクールカウンセラーや行政のアドバイザーなどが加わります。それぞれの専門性を活かして、「この子にとってどんなサポートがあれば成長に繋がるのか」を、それぞれの専門分野から出し合える場があれば、お互いの不足を補えますよね。だからこそ私は、困っている保護者には、**ケース会議（担当者会議）**を強くすすめています。ケース会議とは、担任の先生や管理職の先生、放課後等デイサービスの先生、支援センターの先生など、その子にかかわる先生たちが一堂に会して情報共有をする会議です。

私のところに相談しに来てくれている保護者の中には、小学校に入学する前からケース会議を開催した方がいます。年に数回、計画的にケース会議を開催している方もいます。ケース会議を開催したいと考えている方は、担任の先生や管理職の先生に早速相談してみてください。子どもを中心にして、必ずいいアイデアが飛び出てくるはずです。

CASE 3

「いじめられる方も悪い」は本当ですか？

先生の立場から

「いじめられる方も悪いところがある」と、いじめ加害児童の保護者に言われました。先生の中にも同じような話をする人がいて、教員として混乱しています。

保護者の気持ち

うちの子にはうちの子の言い分がある。相手の子がうちの子に嫌な思いをさせている時点で、それはいじめられる理由になっているのでは？

担任の気持ち

クラスの中でいじめが起きたことに対して、自分の責任を感じている。保護者、子ども、他の先生たちに申し訳ない気持ちである。

学校としての考え

いじめはどこでも起こり得る。発見した時点で、速やかに対応することが必要。いじめ防止に関する方針・手順を確認して適切に対応したい。

いじめる人と、いじめられる人のちがいって？

自分の子どもがいじめられていると知ったら、ひどく悲しい気持ちになります。相手の子どもやその親に対して、憎い気持ちが出てくるのは当然です。いじめをした子どもの親も、「まさかうちの子が、いじめをするなんて」とがっかりしたり、子どもとの今後の生活を悲観したりします。

まず、いじめの定義を簡単に確認します。いじめは「いじめられた側が心や体に苦痛を感じているもの」です。つまり、子どもが「いじめをされた」と感じれば、それはいじめになるということです。

日本では、平成25年6月に「いじめ防止対策推進法」が成立しました。平成25年10月に文部科学大臣により決定された「いじめの防止等のための基本的な方針」には「いじめは絶対に許されない」「いじめは卑怯な行為である」と明記されています。さらに「いじめはどの子供にも、どの学校でも、起こりうる」意識をもつ必要性が書かれているのです。

さらに、世界を見てみると２０２３年9月からフランスでは、いじめの加害者を学校判断で強制的に転校させられるようになっています。

このような情報から考えても、現代ではいじめは加害者側が絶対的に悪であり、「いじめられる側にも悪いところがある」という理屈は通用しません。

いじめについて話をするときに、私が忘れないようにしていることがあります。それは「人は誰でも、いじめる側といじめられる側どちらにもなり得る」ということ。「いじめられた」と訴えて登校しぶりがあった子どもが、数か月後にLINEいじめの主犯格になっていた、というケースはスクールカウンセラーをしているとよく出会います。

いじめ問題は、性善説（人はみんな生まれつき善の性質をもつ）と性悪説（人はみんな生まれつき悪の性質をもつ）では、結論が出せないことです。人の中には誰しも「いじめる自分」と「いじめられる自分」と「いじめない自分」がいます。どの自分が出てくるかは、その人が置かれている環境によって変わるということなのです。

テレビで有名な、さかなクンのいじめの記事を読んだことがありますか？　朝日新聞に寄稿されて、話題になったお話です。テーマは、さかなの世界のいじめ。メジナというさかなは、海の中では仲良く群れになって泳いでいるのですが、せまい水槽に一緒に入れると、一匹を仲間はずれにして攻撃し始めます。いじめられたメジナを取り出して、別の水槽に移しても、残ったメジナたちはまた、別の一匹を標的にしていじめを始めるそうです。インターネットで検索すると見つかりますので、子育てや教育にかかわるすべての方、ぜひ読んでみてください。

この話を読むたびに、「いじめをする子は悪」ではないと、実感します。いじめが起きている場合、環境に何らかの原因があるのです。環境とは、その学級の構成メンバー、先生、家庭環境といった人的な要素も含みます。もちろん、教室の広さや日当たり、風通し、片づき具合など物理的なことも環境要因になります。

もう一つ、いじめをテーマにしたドラマをご紹介します。俳優の堺雅人さんが主演を務める「リーガル・ハイ」という弁護士ドラマです。その中に学校のいじめをテーマにした、スペシャルの回がありました。最後のシーンは、いじめられた子の保護者側と、いじめた側の裁判です。堺雅人さん演じる弁護士・古美門は、いじめの正体を「空気」と言い切りました。「常にまわりの顔色をうかがい、流れに乗ることを強いられる。多数派が正義だとされる社会では、少数派は排除される」。古美門弁護士はこのような話をしました。私自身の学生時代を考えると、空気を読むことに必死だったなと感じます。もしかするとあなたにも、そんな時代がありませんでしたか？

この「空気を読む」という人間の行動は、心理学用語で「傍観者効果」といいます。いじめがなくならない理由の根本は、人間の心理によるものなのです。傍観者効果とは、いじめの場面に遭遇したとき、

・たくさんの人が見ているのだから、誰かが先生に報告してくれるだろう。
・周りの人が動いていないのだから、自分も動かなくていいだろう。
・いじめられている子を助けたら、自分が標的になるかもしれない。
・助けるなんて余計なことをすると、迷惑だと思われるかもしれない。

このように感じる人間の心理です。

このように私たち大人は、いじめについて多くの情報をもち、「いじめが起きるのは普通」「だからこそ、いじめる側といじめられる側の両方をケアしなければいけない」「まずは環境を見直さなければいけない」と知っておくことが大事です。

CASE 4

合理的配慮を依頼されたけれど、すでに手いっぱいで…

先生の立場から

保護者から「うちの子は勉強が苦手なようなので、個別に教える時間を取ってください」と合理的配慮を依頼されたけれど、すでに手いっぱいで、プラスの支援ができません…。

保護者の気持ち

インターネットで合理的配慮というものを知った。うちの子は授業になかなかついていけないので、ぜひ先生に個別に授業を教えてもらう合理的配慮をお願いしたい。

担任の気持ち

「合理的配慮」と言えば何でも通ると思っている保護者が増えたような気がする。子どものために動きたいけれど、現状の業務で手いっぱいなため不可能だ。

学校としての考え

「合理的配慮」と言われると、学校も断りづらい。保護者との対話を繰り返して、学校でできることとできないことを明確に線引きして伝えていかなければ。

先生の負担にならない「配慮」、あります！

平成25年に「障害者差別解消法」が成立し、「合理的配慮」という言葉が徐々に世間に浸透しています。合理的配慮とは、社会で生活するうえで困っている人側から「社会的なバリアを取り除いてほしい」と依頼することです。例えば、学校の中では「うちの子は視力が低いので、座席を前から2列目までにしてもらえますか」のように、先生に配慮を依頼することも含まれます。

今回のケースは、「合理的配慮を依頼したい親」と「手いっぱいで受けられない先生」の構図ですね。合理的配慮は法律に明記されていますので、不当に断ることはできません。では、先生たちは、無理をしてでも保護者の意向に沿わなければいけないのでしょうか？

答えは「いいえ」です。合理的配慮には、「範囲」があります。

合理的配慮の範囲については、内閣府から出ているリーフレットにこのように書かれています。

①　必要とされる範囲で本来の業務に付随するものに限られること
②　障害者でない者との比較において同等の機会の提供を受けるためのものであること
③　事務・事業の目的・内容・機能の本質的な変更には及ばないこと

つまり、次のような場合には、合理的配慮を学校では行う義務がないということです。

・先生の業務の範囲を超えていて、他の仕事に影響を与えること。
・学校の体制として、先生の人員の中で実現できないこと。
・費用や負担が大きくかかってしまうこと。
・学校の規模的に、対応しきれないこと。
・予算の範囲の中で、対応しきれないこと。

ただし、ここで学校側は、細心の注意を払って気をつけなければいけないことがあります。「保護者・子どもと、学校との信頼関係」です。

少なくとも「合理的配慮をしてほしい」と申し出た保護者にとっては、「学校がうちの子にとって、現状では安心できる場所になっていない」と感じたから、依頼をしたのです。どんな依頼内容であれ、保護者は「どのような配慮があれば、うちの子が学校でもっと安心できるのだろう？」と悩んだことが想像できます。ここを学校側が想像して共感できるかどうかで、事態は大きく変わります。

保護者が合理的配慮を願い出たとき、それは「学校との対話が必要なとき」です。「障害を理由とする差別の解消の推進に関する基本方針」の中には、「双方の建設的対話による相互理解を通じて、必要かつ合理的な範囲で、柔軟に対応がなされるもの」という一文があります。

保護者「合理的配慮をお願いします」↓学校「できません」もしくは「できます」

この一方通行のやりとりではなく、

・その配慮はできないけれど、こちらのサポートからであればできそうです。

・その配慮は難しいけれど、親御さんと相談しながら今後学校でやれそうなことを探したいです。

という、親子への寄り添いの姿勢を伝え続けることが大事だと考えます。

私は、合理的配慮について相談に来てくれる保護者に対して「配慮内容や支援内容をパッケージにして、先生に渡してはいけない」といつも伝えています。保護者としては、「こういう配慮があれば、うちの子は学校で安心できるだろう」と考えて、「この配慮をしてください」とまとめた状態で先生にパスしてしまう方が多いです。そうではなく、不完全な状態で先生のアイデアをもらいながら、一緒に考えていく気持ちが大事だと話しています。保護者にとっても先生にとっても、合理的配慮をすることが最終的な目的なのではなく、子どもの安心感を増やすことが共通の目的になるといいですよね。

「合理的配慮」と聞くと構えてしまう先生も多いと思いますが、「保護者と本音で対話できるチャンス！」と捉えられたら最高です！

CASE 5

支援計画がずっと「継続」で、保護者や子どもに申し訳ない…

先生の立場から

個別の教育支援計画・個別の指導計画を立てたのですが、毎年ずっと同じ内容が続いています。計画を見た保護者に「成長していないですよね」と言わせてしまい、申し訳ない気持ちがしています。

保護者の気持ち

この支援計画・指導計画って、何の意味があるんだろう？　先生が毎年書いてくれているから、ありがたいと思ってサインをしているけど…。

担任の気持ち

長期的な目標も短期的な目標も、毎年ほとんど変わっていない、コピーのような状態。自分に専門性がないから、目標があっても達成させられない。

学校としての考え

子どもの実態に合った計画を立てることが大切。保護者との相談で、お互いが共通認識をもって取り組める計画にしていきたい。

絶対に達成できることしか、支援計画には書かない！

こちらの先生は、「保護者に申し訳ない」と思えている時点で、すばらしい先生だなと感じます。毎年変わらない計画を渡し続けるのは、「子どもの成長目標を達成できていない」という点で、やっぱりよくないことです。

これは、ある保護者から聞いたお話です。その方の子どもは、支援計画を立てることになってから卒業までの３年間、ずっと同じ計画を提示され続けたそうです。毎年の面談では、先生から「まだ目標が達成できていないから、継続でいきましょう」と言われ続けたとのこと。面談では、毎回同じ文面を読み合わせる時間が流れ、保護者としては「何の意味があるのだろう」と疑問の時間だったと話していました。

それでも保護者としては「先生がつくってくれているものだから、重大な意味があるのだろう」「よくわかっていない自分がごちゃごちゃ言っても仕方ないから、言われるままにサインしよう」と考えて、計画に保護者同意のサインをする方が多いです。

支援計画は、子どもの成長のためのスモールステップを組むものです。スモールステップが書いてあるということは、「少しずつでも必ず期間内に達成できる目標」が書かれているはずなのです。それなのに3年間、目標が未達成のまま過ぎてしまった。この計画って何だったのだろう？　と、保護者も先生もきっと無念ですよね。

先生たちと支援計画の話をしていると、「専門性がないから、目標を立てても達成させられない」と、自信なさげに話される方がいます。私の肌感覚として、計画を立てることをものすごく難しく考えている先生が多い印象です。

しかし実は、支援計画の作成は難しいことではありません。

支援計画は「達成できそうな目標」を書けばいいからです。

その子どもを近くで見ている先生であれば、その子の直面している課題の中から、もうちょっとで達成できそうなポイントを見つけ出せるはず。発達・教育用語でいう、「発達の最近接領域」を探せばよいということですね。

ちなみに発達の最近接領域とは、旧ソビエト連邦（ロシア）の心理学者であるヴィゴツキーが提唱した理論です。簡単に言うと「子どもが自力でやりきるのはまだ難しいものの、誰かの手助けがあれば達成できるであろう発達の範囲」のことです。

例えば、鉄棒の逆上がりを練習している子どもがいるとします。その子が地面を蹴り上げた後、お腹がもう鉄棒にふれているのであれば「あとは足から腰を鉄棒にかけるだけ」の状態となりますよね。先生が少し足を支えてあげれば、逆上がり成功！　この子にとっては、「足を支えてもらうことで、逆上がりを達成する」ことが次のスモールステップになるということなのです。


「そんな小さな当たり前のことを計画に書いて、意味あるの？」と思った方、きっといますよね。そうなんです。ここに、大きな意味があるのです。

そもそも、子どもが成長することは、大きくても小さくても、意味のあることですよね。子どもを中心として、先生と保護者で共通の目標を立てて、みんなが同じ方向に向かって進んでいくこと。そしてその目標が達成されること。ここに計画の意味があります。誰だって、目標は達成するために立てますよね。達成したことでまた、次の目標に向かおうという意欲が生まれます。だから「達成できる目標を書くこと」が大事なのですね。子どもの成長の見通しが言葉で明記されていることや、それが実際に達成できたかどうかが記録されていること、もし達成できなかったとしても目標をどう修正したのかが書かれていること、これにはとてつもなく大きな意味があります。

その子にとってのトライ&エラーの情報は、その子が生きる上で大変重要なデータです。そうは言っても子どもの成長状態は目には見えにくいものなので、親も先生も日々の忙しさにまぎれて見落としがちです。

ここを支援計画の中に言語化して記録に残すことで、子どもの成長を喜べるだけでなく、次の成長へのヒントとして使うことができます。先生たちの中には、子どもとのかかわり方や支援はとてつもなく上手で、子どもの成長をぐんぐん引き出せるのに、やっていることの言語化が苦手な方がいます。そのような先生のノウハウを言葉にして記録し、次の年へ引き継ぐのも支援計画の大切な役割です。その子が達成できたことや、そのために支援した効果的な方法を、どんな小さなことでも書いて、積み重ねていける支援計画を目指してみてください。

CASE
6

将来を考えたら今がんばった方がいいと思うけど、親ががんばらせない…

先生の立場から

「運動会練習で疲れすぎてしまうから、見学させてほしい」と保護者から依頼がありました。子どもが将来社会に出て働くことを考えたら、今からがんばって慣れた方がいいと思うのですが…。

保護者の気持ち

子ども本人の体力に見合っていない活動が続き、家でぐったりしている。集団行動が大事なこともわかるけれど、子どもの体調が心配。

担任の気持ち

学年に応じて、相応の練習量がある。現状で体調が悪いわけでないなら、見学させるのはどうかなと感じる。とはいえ保護者の意向なら沿う。

学校としての考え

運動会練習などの量については、各担任や各学年の考え方に任せている。困っている保護者がいるのであれば、よく話をして、量や内容について決定してほしい。

「〇年生だから」より「〇〇さんだから」

私も小学校の教員だったころ、「今のうちにがんばらせてあげた方が、クラスの子たちが来年、再来年と楽になるだろう」と思っていたことがあります。「2年生のうちに、かけ算九九を完璧にマスターさせてあげた方が、3年生で楽になる」とか「5年生のうちに奉仕の心をしっかり教えてあげた方が、6年生になって最高学年として活躍できる」といった考え方でした。どれも「社会に出たときに、子どもが困らないように」という思いでやっていたんですね。

今思うと、この考え方って危ないなと感じています。

その理由は、個の育ち方よりも集団を重視しているから。

学校の先生って、集団育成のプロなんです。個人の能力を高めてあげることも上手だけれど、それだけでなく、クラス全体の集団マネジメントが上手。だからどうしても子ども個人を見て「ゆっくりで大丈夫だよ、少しずつがんばろう」と言ってあげにくいんですね。最近では「個別最適な学び」というキーワードが定着してきて、「集団の中であっても個を見て、個に合わせていこう」という流れができています。とはいえ、先生の数が増えるわけでもない。1学級の子どもの数が20人を切るわけでもない。この状況で1人の先生が「個別に」「最適な」学びを1人ずつの子どもに保証するのは、無理だと私は思っています。

だからこそ先生は、子どもを個別に見ている人と密に連携を取ることで、子どもにとって有益な学びの環境を生み出すことができるのです。「子どもを個別に見ている人」とは、そう、保護者の方ですね。

例えば、今回のケース「運動会練習を見学させてほしい」という内容は、保護者からの依頼なので、先生としてはそのまま受理することが多いかと思います。ほかのケースとも重なる点にはなりますが、この保護者は「子どもが疲れるから、見学させる」と、自力解決して対処方法もセットで先生に伝えています。

そうではなく、先生と相談して対応方法を模索していくことが大事です。

例えば、「ずっと練習に出ていると疲れきってしまうのであれば、他にできそうな活動はありますか？　得点係や、審判の手伝いなどをしてもらってもいいですか？」と先生から提案してみるのもいいですね。

「見学」とは、「見て学ぶ」と書きますが、見ているだけで学べることってごくわずかです。ましてや小学生の年齢では、何かの練習を見て学ぶのはものすごく難易度が高くなります。「見て、やってみて、間違えて、またやってみて」この繰り返しで子どもたちはできるようになっていきます。ですから、見るだけでなく、少しずつでも参加できる方法が取れるなら、保護者と積極的に対話して、代わりの案を見つけていきたいところです。

一方で、こういう話をすると、「その子だけ、特別扱いになるのでは？」「ほかの子もやりたがって、収拾がつかなくなるのでは？」と、心配される先生がときどきいます。実際にほかの活動をしている子を見て、「ずるい」と言い出す子どももいるでしょう。

大前提として、学びは楽しいもののはずです。運動会の練習がつらくて「審判をやっている友達はずるい」と思う子どもが何人もいるのであれば、それは練習自体の進め方を再考する必要がありそうです。とはいえ、学校の教育活動の中には、やりたくなくてもやらなければいけないことがある、という事実は承知しています。その上で考えてほしいのは、

「ずるい」と発信している子もまた、「困っている子」だということです。だから、「ずるい」と言う子に対しても、サポート方法を考えてあげるとよいという話なのです。

私は小学校の教員時代、クラスの子どもたちが運動会や音楽会の練習に参加したら、がんばりポイントをあげていました。ポイントがたまっていく仕組みをつくり、一定数たまると楽しいイベントを行うというものです。子どもたちにとって、しんどさを乗り越えなければいけない活動があるのだとしたら、その先には達成感を得られるごほうびは必須だと思っています。そうした仕組みがあれば、先生は個も集団も、大切にすることができますね。

「〇年生だから」ではなく、「〇〇さんだから」という個別の目線で考えてみると、「この子に対して、やってあげられそうなこと」がいろいろ思い浮かんでくるのではないでしょうか。先生たちの負担にならない範囲で、保護者と相談しながら、個別の対応を考えていけるといいですね。

CASE 7

合理的配慮は「ずるい」のでしょうか？

先生の立場から

合理的配慮をしたら、ほかの子の保護者やクラスの子に「ずるい」と言われました。その子の気持ちも考えると、「ずるい」と言われてしまうのは困ります…。

保護者の気持ち

合理的配慮を受けられてありがたい気持ちはあるけれど、それが原因でうちの子がほかの親子から疎まれるのは、とても悲しい。

担任の気持ち

集団の中で特別な対応をしているわけだから、「ずるい」と思われるのは、多少仕方ない面もあるのかもしれない。ただ、本人に言うのはよくない。

学校としての考え

合理的配慮は、制度として正当な方法。校内の保護者への啓発活動も必要なのかもしれない。

ＳＯＳが出せないのは、日本の教育のせい

残念ながら、社会の現状では集団から外れた（ように見える）ことをしている人は、やり玉に挙げられがちです。

繰り返しになりますが、合理的配慮とは、「バリアがあって困っている」と意思表示をした人が、行政機関等や事業者から個別対応をしてもらえる仕組みです。反対から言うと、「意思表示をしていない人は、いつまで経っても合理的配慮を受けることができない」という意味にもなります。つまり「困っています」と意思表示をしていない人にとっては、配慮を受けている人を見て「あの人だけずるいと感じる」というわけなのです。

それなら、「ずるいと感じるあなたも、意思表示をして、合理的配慮を受けたらいいのでは？」と考える方もいると思います。それがなかなか、難しいのです。

日本人は、ＳＯＳを出すのが極端に苦手な人が多いからです。島国という閉鎖的な土地、勤勉な人が多い、不安を感じやすい性質など、様々な理由が相まって、人に助けを求める

のが苦手な国民性だと思っています。これは長きにわたって続いてきた習慣なので、すぐには変わっていかないだろうと思います。

自分がSOSを出せないからこそ、助けてもらっている人を見て「ずるい」と感じてしまうのですね。加えて日本の教育は、昔から子どもたちに次のように教えています。

・自分のことは自分でやりましょう。
・人に迷惑をかけないようにしましょう。

こんな教育を受けてきて、「私、困っています。助けてほしいです」とは、気軽に言えませんよね。少し話がそれますが、日本の貧困状態にある母子世帯のうち、生活保護をきちんと受給しているのはたったの数%しかいないそうです。頼れる人がいない、子どもを十分に育てていけるお金もない状況であっても、「助けて」と言えない人がこの国にはたくさんいるという、悲しい現実があります。私はときに、「日本の教育が、そうさせているよな」と感じることがあります。

どんな人でも、SOSを出していいのです。SOSを出す練習を、どんどんするべきだと私は常々思っています。

だからこそ、公的機関である学校の先生たちには、「ずるい」という親子に対して、「もしかして、お困りのことがありますか？」と声をかけてあげてほしいなと思っています。「学校は公的な場所だから、１人だけ特別扱いはできない」のではなく、「公的な場所だからこそ、困っている人を積極的に助けていく」意識をもっていると、みんなが幸せになれると考えます。

「個別に特別なサポートをしてもらってずるい」という言葉には、「寄り添ってもらえて、いいな」という裏面が隠れています。対応をしてもらうことだけではありません。

・困っていることを聞いてもらえている。
・一緒に対応を考えてもらっている。
・同じ方向を見てサポートしてもらっている。

こういった部分にも「いいな」と感じているわけです。それなら「困っていますか？」

と声をかけるだけで、その親子の願いが、もういくつか叶っていきます。

校長室に乗り込んでくる、いわゆる「モンスターペアレント」と呼ばれる方たちも、実は同じ原理だったりします。

・うちの子が大事にされていないように感じる。
・親子の話に共感してもらえていない。
・うまくいっている親子がうらやましい。

もちろん話を聞いて、共感したうえで、学校でできることとできないことを伝えていくことは必要です。「ずるい」と言うことも、校長室に乗り込むということも、実は「『困っています』を言えないからこその言動なのか」とこちらが気づくことができれば、今までよりもずっと平和的に解決していけるように思いませんか？

CASE 8

子どもの実態と保護者の理想が合いません…

先生の立場から

子どもに合わせた支援がしたくても、保護者が子どもの力よりはるかに高い目標を考えていて、支援の提案を受け入れてくれません。

保護者の気持ち

将来、大人になって働くことを考えたら、今こんなにのんびりやっているわけにはいかない。子どものためにも、家族のためにも、スピードを意識して教えていかなければ。

担任の気持ち

保護者の願いと子どもの実態がかけ離れていて、子どもの成長に結びつかない。どう伝えたら、理解してもらえるのだろうか？

学校としての考え

子どもは一人ひとりちがう存在だから、支援するときには、個に合わせた内容にしなければいけない。一方、保護者の意向を無視するわけにもいかない。

先生から保護者へ、プレゼントしてほしいもの

私が支援学校の小学部で教員をしていたときに、４年生の女の子のお母さんが、連絡帳にこんな質問を書いてくれました。

「本屋で算数ドリルを買って、やらせています。１年生の最初の方の学習は、自分で進められたのですが、ひき算のあたりからまったくできなくなってしまいました。私が横で教えようとしても、わからないと泣いて暴れて、まったく進みません。どうしたらいいでしょうか？」

このお母さんは、学校に対してとても協力的で、子育ても熱心。明るく元気な、優しい方でした。しかし、この文面からは、お母さんは頭のどこかで「やればできる」「繰り返せばできるようになる」と思っているのだなということが読み取れました。

もちろん、努力はすばらしいことです。子どもに付き添って勉強を見てあげることも、

素敵なことだと感じます。ただこの女の子は、知的にも障害があったので、私たち教員からは「キャパオーバーになっているな」と見えていました。

ここまでに何度もお伝えしているように、子どもの学びを進めていく上で、スモールステップはとても重要です。しかし、目の前の子どもの成長を願う大人の気持ちが強ければ強いほど、ステップのサイズ感に気づけなくなることがあります。「これができたなら、こもできるはず」と、次々とステップがビッグになっていってしまうのです。子どもが壁に当たって、思うように次のステップに進めなくなったときにも、過去にうまくいった経験があると、私たち大人は「叱る、圧をかける」など力業で対応してしまいがちです。

このときに先生たちに覚えておいてほしいこと、それは「保護者も、親として成長の途中であること」です。私自身、今は小学３年生と年少の母親をやっていますが、毎日が気づきの連続です。それはつまり、昨日まで気づいていなかったことがたくさんあるということ。そして明日からも気づき続けていくので、いわば「親クエスト参加中」なんですね。ママパパたちは、毎日、経験値をためて、ときどきレベルアップしています。

だからこそ先生には、保護者へ「気づき」という名の経験値を、折にふれてそっと渡してほしいなと思っています。前述の女の子のお母さんへも同様の話をして、結果的にドリルではない方法で数の理解を深めよう、ということで落ち着きました。その子にはその子に合った方法や、ちょうどいいスピードがあります。

これは息子が小学2年生のときの話です。

個別の支援計画を書いてもらっている息子は、学期ごとに先生との面談がありました。私は年度の最後に、息子の担任の先生にこんな質問をしました。

「来年度、息子にとってどんなステップをクリアしていくといいと思われますか？」

私も息子も担任の先生のことが大好きで信頼していたので、最後に先生の考えを聞いてみたいと出た質問です。先生の答えは、こうでした。

「息子くんにとって、今後どんな試練がやってくるかわからないけれど、息子くんが自分らしくやっていければ、どんな課題も彼なりに乗り越えていけるんじゃないですかね」

これを聞いたとき、先生から息子への信頼を感じられて、私自身「もっと息子を信じてあげていいんだ」と気づけた、ありがたい時間でした。「もっと息子くんを信じてあげて」

という、先生からの「気づき」のプレゼントでした。

とはいえ、「そんなにうまくいかないよ」と感じた先生もいるかと思います。その場合は、保護者との関係を見直してみるとうまくいくことが多いです。人は「何を聞くか」よりも「誰が言うか」を重視する生き物です。つまり、先生との信頼関係が構築されていれば、保護者も「この人の言うことなら、聞いてみようかな」とだんだん思えるようになってきます。

では、保護者との信頼関係を積み重ねるにはどうしたらいいでしょうか？

私は「子どもの成長を、言語化して保護者に渡し続けること」だと思っています。

「この先生は、うちの子の成長やうちの子のよさを、こんなに見つけてくれている」と感じたとき、先生への信頼が生まれます。自分のことや子どものことをわかってくれている実感が、信頼に直結するのです。もちろん、間にスクールカウンセラーや管理職が入ってもＯＫです。校内に「この人の話なら聞きたい」と思える人を増やしていくことが、保護者の気づきに繋がっていきます。

CASE 9

教室に補助で入ってくれる保護者の存在感が強すぎます。

先生の立場から

クラスに、登校しぶりのある子がいます。やむを得ず、お母さんに付き添い登校をしてもらうことになりました。ただ、教室に補助で入ってくれるお母さんの存在感が強すぎて、どうにも授業がやりにくいです。

保護者の気持ち

無理を言って教室に入らせてもらっているのだから、何か先生の手伝いをしなければ。自分の子どもも、クラスの子もサポートしていこう。

担任の気持ち

お母さんがいてくれることで子どもが登校できるのはありがたい。ただ、学級経営に意見されたり、勝手な行動を取られたりするのは困る。

学校としての考え

保護者が付き添いで教室に入るのは特例であり、一時的な対応という認識をもっている。保護者と担任とで連携しながら、うまく進めてほしい。

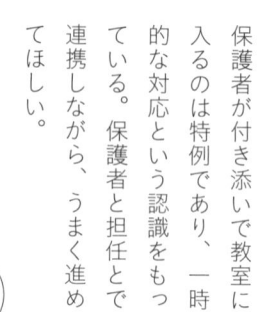

先生も子どもも保護者もうれしい

私が小学1年生を担任したとき、教室に入りにくい男の子がいました。

入学式当日は体育館に入れず、翌日からの通常登校もかなり強いしぶりがあったので、管理職と相談の上、お母さんも教室の中に入ってもらって一緒に授業に参加することになったのです。その子は日によって、様子がまちまちでした。

・お母さんとぴったりくっついていないと、泣き出す日
・お母さんが近くに座っていれば、教室で授業を受けられる日
・お母さんが教室の後ろや廊下から見ていれば、教室内で授業を受けられる日
・廊下でなら、一人で本を読んだり、ドリルをやったりして過ごせる日
・一人で登校して、下校まで教室の中で授業を受けられる日

つまり、日によって子どものサポート方法やその量が変わってくるので、お母さんも私

も、臨機応変に対応する必要がありました。帰り際の立ち話や電話でお母さんと話をして、その日のふり返りをしている中で、「お母さんとしても、教室内でどうふるまったらいいのかわからず、行動の仕方を毎日模索している」ということがわかったのです。

【お母さんの悩み】

・子どもに対して「学校にいなさい」と厳しくした方がいいのか、「帰っていいよ」と甘くした方がいいのか。
・ほかの子たちが「〇〇くんのママ！」と声をかけてきたら、反応していいのか。
・「どうして〇〇くんのママは、学校に来ているの？」と聞かれたら、なんて答えたらいいのか。
・ほかの子は1人で学校に来ているのに、自分の子だけ付き添いが必要で情けない。
・自分の仕事を休んできているので、収入や生活が不安である。
・教室にいる大人として、忙しい先生を少しでも助けられたらという思いがある。
・一方で、先生には先生のやり方があるから、手を出さない方がいいのか迷う。

保護者の方も、あれこれ考えながら「先生の役に立てるように」という思いで教室にいることが多いのです。だからこそ、先生のやり方や考えを、遠慮せず保護者に伝えていいということです。

私がスクールカウンセラーになってから、同様のケースがありました。教室に入りにくい子と、毎日付き添いで教室内に来ているお母さん、学級経営に悩む担任の先生の構図です。そのときは担任の先生からの困りごとの訴えでしたので、保護者に相談室へ来てもらい、私からお話をしました。お母さんはやはり、先ほどのような悩みをもっていたのです。

このお母さんは「先生のために少しでも動きたい」という思いが強かったため、子どもの代わりに手を挙げて先生に知らせたり、ほかの子の世話を焼いたり、積極的に行動されていました。しかし、お母さんが気を利かせて立ちふるまえばふるまうほど、先生はやりにくくなってしまうのです。そこで私はお母さんに、「教室内で子どもを見守るときは、心も体も３ｍ離れておきましょう」と伝えました。

「まず、お母さんがそこにいてくれるだけで、子どもは安心できるのです。何かをやってもらいたくて、子どもからお母さんに声をかけることもあるでしょうが、集団の中では最小限のかかわりで大丈夫です」と、お話しました。お母さんが教室にいる目的は、「子どもの世話をするため」ではなく、「子どもが集団生活の中で不安になった瞬間に、お母さんの姿を見たり、近くに行ったりして、安心を感じるため」です。つまり、付き添いをする保護者と先生で、【目的・方法・期間・お互いに伝えたいこと・聞いておきたいこと】を、素直に伝え合う場が必要ということ。できれば、保護者が教室に入る前に一度時間を取れると最高です。もちろん間にスクールカウンセラーを挟んでもいいと思います。

・保護者にどんな目的で教室に入ってもらうのか。
・どのくらいの距離感で見守っていてほしいか。
・教室内ではどこにいてほしいか。
・教室内でやってほしいこと、やってほしくないこととその理由。

教室内でやること・やらないことを明確にして、先生も子どもも保護者もＷｉｎ－Ｗｉｎ－Ｗｉｎの関係にもっていけるといいですよね。

CASE
10

「自分も子どものころそうだったから大丈夫」と言われたら？

先生の立場から

ほかの子に手を出しやすい子がいて、トラブルが続いています。保護者に状況を伝えたら、「自分も子どものころそうだったから大丈夫」と言われました。どうすればいいでしょうか？

保護者の気持ち

自分も小学生のころは、同じようにトラブル続きだったけれど、今は無事に大人になれた。仕事もしているし結婚もしたので、わが子も特別に対応しなくても大丈夫だろう。

担任の気持ち

トラブルが起きれば、子ども本人も辛いし、周りの子どもたちも辛い。集団の中で仲間に入れてもらいにくくなる心配もある。できるだけ早く対応してあげたい。

学校としての考え

手を出された保護者から、学校への問い合わせがくることも考えられる。「この子と同じクラスにしてほしくない」などと言われる前に、トラブル解消を目指さなければ。

「大丈夫」の裏にある困りごと

「自分もそうだったから大丈夫」「強く叱っておけば大丈夫」「殴ってでもいいので、わからせてやってください」このように学校に伝える保護者がときどきいます。それもそのはず、今の保護者は、「特別支援教育」という考え方がなかった時代の小学生・中学生でした。中には特別支援教育だけでなく、「体罰は犯罪である」という考え方にすらなじみがない保護者もいます。

人は誰であっても「自分の経験をもとに考えやすい」という側面がありますね。今、大人になっているあなたも、ご自身の小学生時代・中学生時代をもとにして、お子さんの学校のことを考えることがありませんか？　「学校とはこんな感じ」「先生とはこんな感じ」のように、よいイメージも悪いイメージも、いろいろあるのではと思います。

教員として学校の中にいると、学校の内部がよく見えていますので、「保護者にとっては、学校の様子がよく見えない。見えないから、わからないことがある」ということに、気づきにくくなります。教室の中で子どもがトラブルを起こしていたとしても、わが子がどう困っているのか、トラブルの相手の子どもがどう思っているのか、相手の子の保護者がどう感じているのかなどは、保護者にはわかりません。とはいえ、「相手の子や親が困っているのです」などと話せば、保護者は「うちの子が大事にされていない」と感じてしまいますよね。よい方法とは言えません。

「トラブルがあっても大丈夫」と考える保護者は、次のような可能性があります。

・学校の様子がわからない。
・わかったとしても、対応の必要性がわからない。
・わが子が困っているということに気づいていない。
・自分が困っていることにも気づいていない。
・先生から言われても、どう行動したらいいかわからない。

つまり、「大丈夫」と言う保護者は、「問題点がわからないから、行動しない・できない」のです。それならば、「問題点が見えるように伝える」「学校として、どう対応したいかを伝える」そして「お子さんのため、お子さんの将来のために一緒に考えたい」という二人三脚の視点を伝え続けることが大事です。

最初にもお伝えした通り、今の保護者は、特別支援教育にあまりなじみのない世代です。特別支援教育は平成19年にスタートしたので、今の保護者のほとんどが、子ども時代に特別支援教育を経験していません。

ということは、学校では当たり前になっている特別支援教育の仕組みからまず、保護者に説明する必要があるわけです。私のInstagramで以前アンケートを取ったところ、「わが子の学校に、特別支援教育コーディネーターがいるのかどうか知らない」と答えた方が80％以上いました。特別支援教育のことも、子どもに何かサポートしてもらえる可能性があることも、学びの場が通常の学級以外にあるということも、まったく知らない保護者もいます。今の学校教育の中には特別支援教育というシステムがあり、子どもが困っていることに対して、周りの大人で一致団結していこうという気持ちがあることを、ぜひ保護者に伝えていただきたいと思っています。

　また、「大丈夫」と言う保護者の中には、「家では困っていないんです」と言う方もいます。「特別支援教育のことは知っているけど、うちの子に必要だとは思えない。家では親の言うことを聞くし、学校でトラブルがあるなんて信じられない」。こういう子の場合、家と学校の環境のちがいが、子どもの困りごとに影響している可能性があります。家は、プライベートな個人の場所であり、学校は、公的な集団生活の場所です。環境が変われば、子どもの困りごとも変わりますよね。しかし学校だけでトラブルが続いている場合、保護者の考えは「先生の指導が悪いのではないか」という方へ向かってしまうこともあります。こうした思考を避けるためにも、先手を打つことが大事です。

　いつも「子どもを主語」にして、「集団の中で、現に子どもが困っているから、周りの大人で連携していきたい」と伝えたら、保護者はきっとわかってくれるはずです。

CASE
11

「特別支援教育って差別ですよね？」と言われたら？

先生の立場から

「昔はどんな子どもも一緒に学んでいたのに、特別支援教育って差別ですよね？」と保護者から言われました…。特別支援教育って、差別なんでしょうか？

保護者の気持ち

うちの子がクラスの中でうまくやれないのは、うちの子だけが悪いのだろうか？　うちの子だけが、特別支援教育を受けるのは不公平では？

担任の気持ち

全体を見ていて、この子に困りごとがあるのがわかる。だから教員として、個別にできることを提案しようとしたのに、差別と言われたらどうしたらいいのか…。

学校としての考え

特別支援教育は、個のニーズに応じた教育であり、決して差別ではない。困りごとのある子に合わせた支援、場所を渡していきたい。

「昔はクラスの中に、こういう子は何人かいましたよね。昔と比べて今は、特別支援という名前で、浮いている子を排除しようとしているのではないでしょうか?」

実際に私にも、相談者さんからこういった声が届くことがあります。

毎日忘れ物をして、先生にデコピンされていたあの子。

机の中が片づけられなくて、通知表に△をつけられていたあの子。

提出物の締め切りが守れなくて、先生に怒られていたあの子。

小学生、中学生のときにそんな子がクラスの中にいたような気がしませんか? ちなみにこの3つは、私の小学生時代のことです(笑)

クラスにいたこんな感じの子、今はどうしているでしょうか。


当時の自分を振り返ると、「なんで自分だけ、いつも先生に怒られることをしてしまうんだろう?」という思いでいっぱいでした。私は小学生のころから、どの先生のことも大好きな子どもでした。学校も好きで、友だちも好きで、それなりに悩みはあったけれど、先生のことを困らせたいと思ったことは一度もありません。

毎日、先生の悲しそうな顔を見ていたけれど、どうしても私の忘れ物はなくなりませんでした。「先生を悲しませる自分は、悪い子だ」と自分を責める日々は続きましたが、どこかで修正されることもなく、学校生活を終えました。

自分の忘れ物癖がよくなったのは、大人になって、働き始めてからです。教員として働く中で、自分が忘れ物をした際に、子ども・保護者・同僚の先生たちからの信頼を失うかもしれないということが怖くなり、前日に確認する習慣がつきました。

もし自分が小学生のころに、特別支援教育があって、親を含めた周りの大人たちが自分をサポートしてくれていたら、もっと自分のことが好きな子ども時代を過ごせたんじゃないかなぁと感じます。

こんな風に「困っている子」は、たしかに数十年前のクラスの中にも何人もいました。その子どもたちに、サポートの手は差し伸べられていたでしょうか？

その子たちの困りごとは、日々、少なくなっていたでしょうか？

その子たちは今、自分のことが好きでしょうか？

もしかしてその子たちは、「一緒に学ぶ」という前提の中で、放置状態になっていた可能性はありませんか？

私は、日本でもいつかインクルーシブ教育が当たり前になる日が来るといいな、いや、絶対に来てほしいと、強く願っています。インクルーシブ教育とは、障害があってもなくても、発達凸凹っ子であってもなくても、困りごとがあってもなくても、同じ場でともに学ぶ教育のことです。幼稚園や保育園で、集団に混ざれない子がいる場合、フリーの先生が来てくれたり、加配の先生がついてくれたりすることで、他の子と同じ場を共有できるようになりますよね。この形が、教育の一番の理想だと思っています。

「排除しているように感じる」と思う人がいるのは、日本の教育がまだインクルーシブまで到達していないからなのです。平成24年に中央教育審議会という国の会議で出された報告では、「共生社会を目指すための、インクルーシブ教育システムを日本でも推し進める」という提案がされています。

困りごとのある子どもを、排除する教育ではなく【分離する教育↓統合する教育↓包摂する教育】と、段階を追っていくモデルが示されています。なんだか難しいことを言っているな、と感じますが、簡単に言うと、集団指導についていきにくい子を個別で取り出し、本人にとってわかりやすい方法で教え、また集団に戻していくということです。最終的には、1人の子どもがいろいろな人たちと交流しながら、社会の中で生きていける人に育てたいという目的の教育システムですね。

これは非常にすばらしいシステムですが、残念ながらまだ日本では確立できていません。特別支援学級や、通級指導教室はいわゆる「分離」の段階なので、その先にまだ進めていない状況です。ここから先に行くには、教育予算がたくさんかかってきます。集団の中で子どもを個別に見る先生が、たくさん必要になるのです。

特別支援教育は「子どもを排除している」と感じるかもしれませんが、それは今、その子にとって必要な学びを、その子に合わせて渡しているということ。

そのような、「その子を大切にしたい」という先生の想いを、保護者の方にもぜひ真摯に伝えてみてはどうでしょうか。

CASE
12

管理職の協力がなかなか得られません…

先生の立場から

クラスで困っている子がいます。それなのに、管理職に伝えても「他にもたくさんいるからね」と具体的な対応を考えてもらえないのですが、どうしたらよいのでしょうか？

保護者の気持ち

担任の先生が一生懸命うちの子を見てくれていることが伝わり、本当にありがたいと思う。反面、来年度は先生が変わるかもしれないと思うと、不安が募る。

担任の気持ち

本を読んだり、いろんな先生に相談したりしても、なかなかこの子に合ったいい方法が見つからない。管理職に相談しても、ダメだったか…。

学校としての考え

学校の中に困りごとのある子は、たくさんいる。この子よりも緊急性の高い子どももいるから、やはり優先度を考えてしまう。

子どもの行動が整うクラス環境5選

このような相談は、数年前に多くありましたが、最近は特別支援に理解のある先生や、実際の支援スキルの高い先生が管理職になるケースを多く見ます。それでも、管理職の先生の中には、特別支援に興味のない方も存在します。管理職試験で特別支援教育について出題されるはずとはいえ、管理職の先生も、100人いれば100通りということですね。

まず、管理職の先生たちの専門の仕事は「先生たちが働きやすいような組織マネジメント」です。仕事の中には加配の先生の手配や、追加の講師派遣依頼なども含まれるのですが、現場は今、深刻な教員不足。どの学校、どの都道府県も限界状態で、「代わりの先生が来るなんて、都市伝説かな？」と感じるくらい、打つ手がありません。それどころか、私の働いている学校では、学級担任の先生が療養休暇に入ったため、教頭先生が実質的な担任の代わりとしてクラスに入っている時期がありました。

こうなると、学校は本当に機能しなくなります。

そんな現状で残念ではありますが、特別支援教育に関しては管理職ではなく、特別支援の得意な先生に助言をもらう方が問題解決に進む可能性が高いです。特別支援教育が得意な先生とは、この方たちです。

・支援学級の担任の先生
・保健室の養護の先生
・スクールカウンセラー
・スクールソーシャルワーカー

加配に入ってくれる人員がいなくても、知識は共有できます。知識が共有できれば、子どもの困りごとを解消できるような、教室の環境づくりができます。人が来られないなら、徹底的に環境を整える！　これは、私のモットーです。

私が以前働いていた支援学校では、「子どもにできないことがあるのは、大人のせい」というモットーを掲げていました。

「目の前の子どもにできないことがあるのだとしたら、それは教員の環境調整ができていないからだ。もっと子どもの目線で考えよう！」

という意味です。

私はこの考え方が大好きで、今でも子どもや保護者と接するときの、自分のモットーにしています。こう言い切ってしまうくらい、「環境は、子どもを必ず変える」ということを、支援学校の先生たちは身をもって実感していたのですね。

だからこそ、「この子にどうやって、声をかけようか?」と考えるよりも、「教室の環境をどう変えようか?」と考えた方が、子どもの変化が目に見えてきます。その後で子どもへの声かけ、対応方法を考えていけば大丈夫。


「じゃあその環境って、どうやってつくればいいの〜〜⁉」と感じた方もいますよね。子どもの困りごとによって、細かな調整方法は変わってきますが、今回は「子どもの行動が変わる環境設定（初級編）」をお伝えします。教員歴13年、スクールカウンセラー歴1年の私が見た、「子どもの行動が整うクラス環境5選」です。

① 教室内に、物が落ちていない。
② ロッカーの中から、物がはみ出ていない。

③　机の横にかける物が、最小限に決まっている。
④　廊下に手提げ袋などが、落ちていない。
⑤　全員の机の位置が、そろっている。

「初任者指導のような内容ですね！」と思われたかもしれませんが、子どもが落ち着いて活動できる環境のいろはは、この基本から始まります。伝統的、精神的なマナーの意味ではなく、「教室内に物が落ちていたり、乱雑になっていたりすると、子どもによっては注意が転導しやすくなるため、落ち着きがなくなる」からです。

最近は「教室の前面に掲示物を貼らない」という対応をしている学校がありますが、これも同様の理由からです。

このような方法はいくらでもあります。例えばセンター的機能を使って、近隣の特別支援学校の先生にアドバイスに来てもらうことも有効です。特別支援はアイデア勝負です。環境一つで、子どもの行動が変わる可能性が無限にあります。

CASE
13

好きな活動のときにだけ来る不登校の子。ほかの子に説明ができなくて…

先生の立場から

校外学習やプールやお楽しみ会など、好きな活動のときにだけ登校する不登校の子がいます。この状況をほかの子にうまく説明ができなくて、不平不満が出てきています…。

保護者の気持ち

普段学校に行けないのだから、せめて行けるときには、行かせてあげたい。「お楽しみのときだけ来るなんてずるい」と思われるのは悲しい…。

担任の気持ち

毎日がんばって授業を受けている子たちの気持ちもわかる。ただ、不登校の子に「好きなときにだけ来ないで」とも言えない、板ばさみ状態…。

学校としての考え

学校に来ることは子どもの権利。ただ、周りの子どもや保護者から不平不満が出てくる状況も理解できないわけではない。

「学校はがまんして行くところ」って本当？

不登校の子のお母さんから聞いたお話です。

そのお子さんは、毎日起き上がることもしんどくて、学校に行けない日々が続いていました。しかしあるときから、「プールなら行ける」「校外学習なら行けそう」と、自分から学校へ行ける時間を見つけられるようになってきたのです。お母さんは毎日「今日、学校に行く時間と帰る時間」を先生に連絡して、連携を取っていたのですが、あるとき担任の先生からこんなことを言われてしまいました。

「お子さんは、校外学習や好きな授業のときだけ学校に来ていますよね。たしかに、学校に行けるときに行けているのは、いいことだと思います。一方で、お子さんの登校の仕方を見ている同じクラスのほかの子たちは、不満がたまっている状態なんです。『○○くんばかりずるい』と口にする子どもが増えています。これ以上は、ほかの子たちに説明がつきませんし、担任としてお子さんを守りきる自信がありません」

先生のこの説明、あなたならどう思いますか？　この話をしている担任の先生の横には、校長先生も同席していたそうです。私はこの話を聞いて、たくさんの「?」が頭に浮かびました。たしかに、先生たちの言いたいことはわかります。先生としては、こんな気持ちなのだと推測します。

「学校はしんどいところで、みんなそれをがまんして一生懸命来ている。なのに、1人だけ学校に来たり来なかったり自由にされると『なんであいつばっかり』『ずるい』『私も休みたいのに』と思っている、クラスの子たちの気持ちを抑えきれなくなってしまう」

集団の指導って、全体の気持ちをどうもっていくかにかかっているところがあります。だから、一部分でも歩調が乱れると、1クラス丸ごと学級崩壊する場合もあるんですね。

「先生は俺たちには厳しいことを言うのに、不登校のあいつには甘い。特別扱いをしているし、不公平じゃないか。学校に来てがんばっている俺たちの方が、先生に大事にされていない」。子どもたちは言葉に出さずとも、先生の表情や対応を見ながらこんなことを感じます。もしかすると私も、自分が担任だったら「このままだとクラスが崩れる」と、この先生と同じように不安を感じていたかもしれません。ただやっぱり、そうじゃないなと思います。そもそも、「学校ってしんどくて当たり前」ですか?

①学校はしんどいもの

②しんどくてもがまんして行くところ
③みんながまんしているから、自分もがまんすべき
④みんながまんしているから、不登校のあの子もがまんすべき
⑤がまんしていないのに不登校の子は、いいとこ取りでずるい
⑥がまんしていないのに不登校の子は、先生に寄り添ってもらえてずるい

こんな風に子どもたちの思考が発展していくことは、よくあります。ただ、本来学校は、知らないことを知ることができたり、仲間と協力したり、先生とおしゃべりしたり、とにかくいろんな経験を毎日「学び」として子どもたちに提供してくれる、「自分の将来に向けてたくさんのスキルや知識を獲得させてくれる場」なんですね。

つまり、クラスの子どもたちが「自分の将来に向けて必要なことを教えてもらっていて、学ぶこと自体が楽しいし、自分自身のレベルアップを実感できる」という状態ならば、「好きなときだけ学校に来ているあいつ、ずりーよなー」とはならないんです。もし学校生活に見通しをもち、充実感をもって登校している子どもたちならば、「○○くん、学校に行きたくても行けないなんてかわいそう」「自分に何かできることはあるかな？」という発想になっていきます。見通しがなく、ただ毎日「行かなきゃいけないから行く」状態になっ

ている子からしたら、自由にしている（ように見える）不登校の子が、うらやましくて、うらやましくて、「ずるい」という気持ちが出てくるわけです。

ちなみに「ずるい」は、子どもからのSOSです。「(自分も困っていて助けてほしいのに、あいつばっかり助けてもらって）ずるい」なのです。だからこそクラスの子たちに、こんなことを常々伝えてほしいです。

・学校の意味とは？
・今、君たちが学校へ来るメリットは？
・しんどさの乗り越え方とは？
・誰だって、辛いときはSOSを出していい。
・SOSが出たら、周りのみんなで少しずつ助けよう。

「誰かのSOSを周りのみんなで考えて、得意な人で苦手な人をカバーして、誰もが笑顔でいられたらそれが正解」です。これを読んでくれているあなたも、同じ気持ちならうれしいです。子どもは全員「自分でやれるようになりたい」という基本的な向上心を、生まれたときからもっています。だから大丈夫。学校はしんどくて、がまんして行かなきゃいけない場所では決してありませんよ。

CASE
14

保護者が障害を受容できておらず、子どもの自己肯定感が育ちません…

先生の立場から

子どもの障害を受容できていない様子の保護者の方がいます。そのためか、いつも子どもに怒鳴り散らしているようで、子どもの自己肯定感が育っていないように感じます…。

保護者の気持ち

厳しく言って聞かせれば、家ではきちんとできているのに、学校でできないなんておかしい。先生の叱り方が甘いのでは？

担任の気持ち

家で強く叱られすぎていて、学校での学びが子どもの中に入っていかないようだ。子どもの問題行動にも繋がっている気がする。

学校としての考え

家庭として子どもの育てにくさがあるのなら、教育センターなど適切な相談機関に繋げることも可能。

「困らせる」には理由がある

先生としてこのような子どもに出会ったときは、とても歯がゆいですよね。いくら保護者に、子どものいいところを伝えても、家では叱られてばかり。保護者に子どものトラブルなんかを伝えようものなら、子どもは家でこてんぱんに叱られて、そのイライラから翌日もトラブルを起こす、なんてことも珍しくありません。

白百合女子大学教授の宮本先生によれば、家庭が安心・安全な場所になっていない子どもは、行動に次のようなSOSが出てくるそうです。

・落ち着きがない
・集団から外れる、入ってこない
・すぐに手が出る、加減をしない
・大人にまとわりつく
・強い警戒心

・保護者がいるときはまとわりつき後追いもするが、いなくなると態度が急変
・過食、盗食、異食、反すう
・痛みがあると思われる状況なのに平気
・身辺の衛生に無頓着（失禁しても平気など）
・学力が積み重ならない
（参考：宮本信也『愛着障害とは何か　親と子のこころのつながりから考える』神奈川ＬＤ協会）

ニュースを見ていると、子どもに食事を与えず放置して死なせてしまった（ネグレクト）とか、しつけと称して子どもに暴力をふるってけがをさせたなど、度を越えた子育ての話が飛び込んできます。私たちは通常、「これはよくない子育てだ。虐待はよくない」とわかりますが、実は虐待になるもっと手前で、子どもの安心・安全がおびやかされている例もたくさんあります。安心・安全のない環境で過ごしているたくさんの子どもたちから、こういったＳＯＳの行動が出てくるのです。

私は小学校低学年のころ、まさに「自己肯定感の育っていない子ども」だったと思います。家に帰ると仲の悪い母と父が、常に何かもめている状態。父を怒らせると、母と私と

弟は外に追い出されるので、車の中で何日間か過ごします。また、家には十分なお金がなく、歯が痛くても親に「歯医者に行きたい」どころか「歯が痛い」とさえ言えないままでした。親と手を繫いで歩いた記憶、抱きしめてもらった記憶はありません。ここまで大きく育ててもらっただけで、両親に感謝はしています。だけど、この当時の私のことを思い出すたびに、今でも涙が浮かんできます。

そんな私にとって学校は、唯一安心していられる場所でした。低学年のうちは、毎日先生に抱きしめてもらっていました。高学年になると、「先生が喜んでくれるから」という理由で、音楽会の指揮者に立候補する（音楽は昔も今も苦手分野です）など、「私には他に居場所がないのだから、先生に嫌われてはいけない」という思いで必死でした。

しかし、私はこんなに先生が好きなのに、先生を困らせる行動をしたのです。小学3年生のとき、私は友達の名前を騙って、隣のクラスの男の子にラブレターを書いたことがあります。この友達は本当に仲良しの子で、その男の子とも普通の友達でした。「どうしてあのとき、そんなひどいことをしたの？」と今聞かれても、本当にわからないのです。しいて言うなら、「おもしろいことをして、みんなの反応が見たい」だけでした。人の名前でラブレターを書くことが「おもしろい」と思っている時点で、当時の自分はどうかしていると思います。今なら、当時の自分に児童精神科をおすすめしたいです。

ラブレターをもらった男の子が先生に相談したことで、友達に聞き取り調査が入りました。友達は「私は書いていない」と言ったため、大問題になったのです。担任の先生は、私を呼び出して「文字を見ると、これを書いたのはあなたかな、と先生は思っています。どう？」と聞きました。私は「多分、ちがいます」とバレバレの嘘をつきました。だけど先生は、私を問い詰めることをしませんでした。私のやったことは完全に悪いことですが、このとき先生が「あなたでしょ」と問い詰めなかったことの意味を考えたり、先生の悲しそうな顔を思い出したりするたびに「もう二度とやらない」と心に誓いました。

家に安心がない子どもであっても、先生との関係がその子の救いになる例は多くあります。子どもは親でなくても、先生やそのほかの大人とも愛着を形成することができます。保護者の代わりにたくさんほめて伸ばすことができるし、安心・安全なクラスを提供することもできます。どうか先生方、家に居場所のない子どもたちを救ってあげてください。

CASE
15

学校での様子を伝えても、「家ではそんなことない」と言われてしまい…

先生の立場から

学校で発生してしまった子どものトラブルを伝えても、保護者から「家ではそんなことありません」と言われてしまいます。学校側に問題があるのでしょうか…？

保護者の気持ち

学校の中での子どもの様子にとても納得できない。先生のかかわり方に問題があるのでは？　うちの子だけじゃないはず。

担任の気持ち

家と学校で子どもの様子がちがうのは、よくあること。頭ごなしに「そんなことはない」と言わずに、学校での様子を知ろうとしてほしい。

学校としての考え

クラスには約30人の子どもがいる。お互いに影響しあって生活しているのだから、家とちがって当然。そこも受け入れていただきたい。

個人と集団、それぞれのメリット・デメリット

個人の生活と集団生活、それぞれの中で子どもの行動は、大きく変わります。それは、同じ行動をした場合に、周りからの反応が異なるからです。例えば、「疲れた、寝転びたい」と思ったとき、家では遠慮なく寝転べますよね。それは、寝転ぶ行為に注意をする人が誰もいないからです。しかし授業中となると、寝転んだら周りの子や先生から「起きて」と促されたり、注意されたり、あるいは白い目で見られたりします。だから子どもは、集団の中では寝転ばなくなるのです。

このように周りに合わせることが多くなりますから、集団で生活する方が誰にとってもストレスが多めになります。とはいえ、ストレスは悪いばかりのものではありません。いいストレスは、人を成長させるために大切な要素でもあります。先生にとって、子ども一人ひとりにかけていくストレスの量や質をどう調整するかが、集団指導の中で問われてくる大事なポイントです。

まず集団生活のメリットは、「ほかの子とのかかわりを通して社会性を身につけられる点」にあります。一致団結して何かを成しとげたり、競い合いながら切磋琢磨したりできるのは、集団生活ならではですね。子どもたちが18歳になって社会に出るときに、この社会性はとても重要です。人と協力して何かを行うこと、自分の苦手な分野を人に頼めること、人の苦手な分野を自分の得意分野で助けることなど、小さなうちから経験していると大人になったときに生きやすくなります。

しかし一方で、集団の中では個性が埋もれがちになったり、大人の目が行き届きにくくなったりするデメリットもあります。さらには集団の中で常に評価される時間を過ごしていると、他者の評価に依存する子どもも出てきてしまいます。「自分は自分のままでいい」と思えずに、「他の子と比べて、自分はできない」とか「先生にほめてもらえないと、安心できない」と感じるようになってきます。何かしらの決定の拠りどころが自分ではなく、ほかの人の意に添うような選択をしがちになるのです。

そして個人の生活（家庭）を見てみると、子ども一人ひとりの成長ペースに合わせて丁寧にかかわることができます。子どもと同じことで喜んだり、悲しんだり、１対１ならたっぷり共感できますよね。大人と子どもの距離が近いため、子どものことをより理解できることもメリットです。その子の得意なこと、好きなことなど強みを理解したり、もう少しでできそうなことを発見したり、苦手なことへのちょうどいいサポート方法を見つけられたり。これは、個人の生活の方が圧倒的にやりやすくなります。もちろん個人の生活にもデメリットがあり、それは社会生活に必要な規範意識や協調性を身につけにくいという点です。

このように、それぞれの環境には一長一短があるため、集団生活と個人の生活、それぞれを見ている大人同士が細かく連携することが重要になります。

では、どのようにしたら保護者と細かく連携できるのでしょうか。これは、その子どものよさをたっぷり保護者に伝えるところからスタートします。

保護者は、どんな先生のことを「信頼できる」と感じるのでしょうか。それは、「うちの子のことをよく見て、知ろうとしてくれている先生」です。もっと言うと「うちの子のことをよく知って、ポジティブに見てくれる先生」です。

つまり「家ではそんなことありません」と言われないための作戦としては、こんな方法が有効です。

・子どもの学校の様子をよく観察する。
・保護者にポジティブに伝える。
・子どもが困っていて、ＳＯＳの問題行動が出ているから助けたいというスタンスをもつ。
・親御さんと一緒に解決していきたいという、協力体制を申し出る。
・子どもの次のステップを、本人と保護者と一緒に考えていく。

「家ではそんなことありません」の言葉の裏には「うちの子のことや、私を攻撃しないで」という保護者のＳＯＳが隠れています。だからこそ「子どもの困りごと解消のために、一緒に考えていこう、一緒に考えてほしい」という依頼をしていくのです。その子に合わせて、「次の１㎜」を目指したスモールステップを、保護者と相談していければ、集団生活と個人の生活の、いいとこ取りができますね。

第3章

この本を手に取ってくださった保護者の方に伝えたい3つのこと

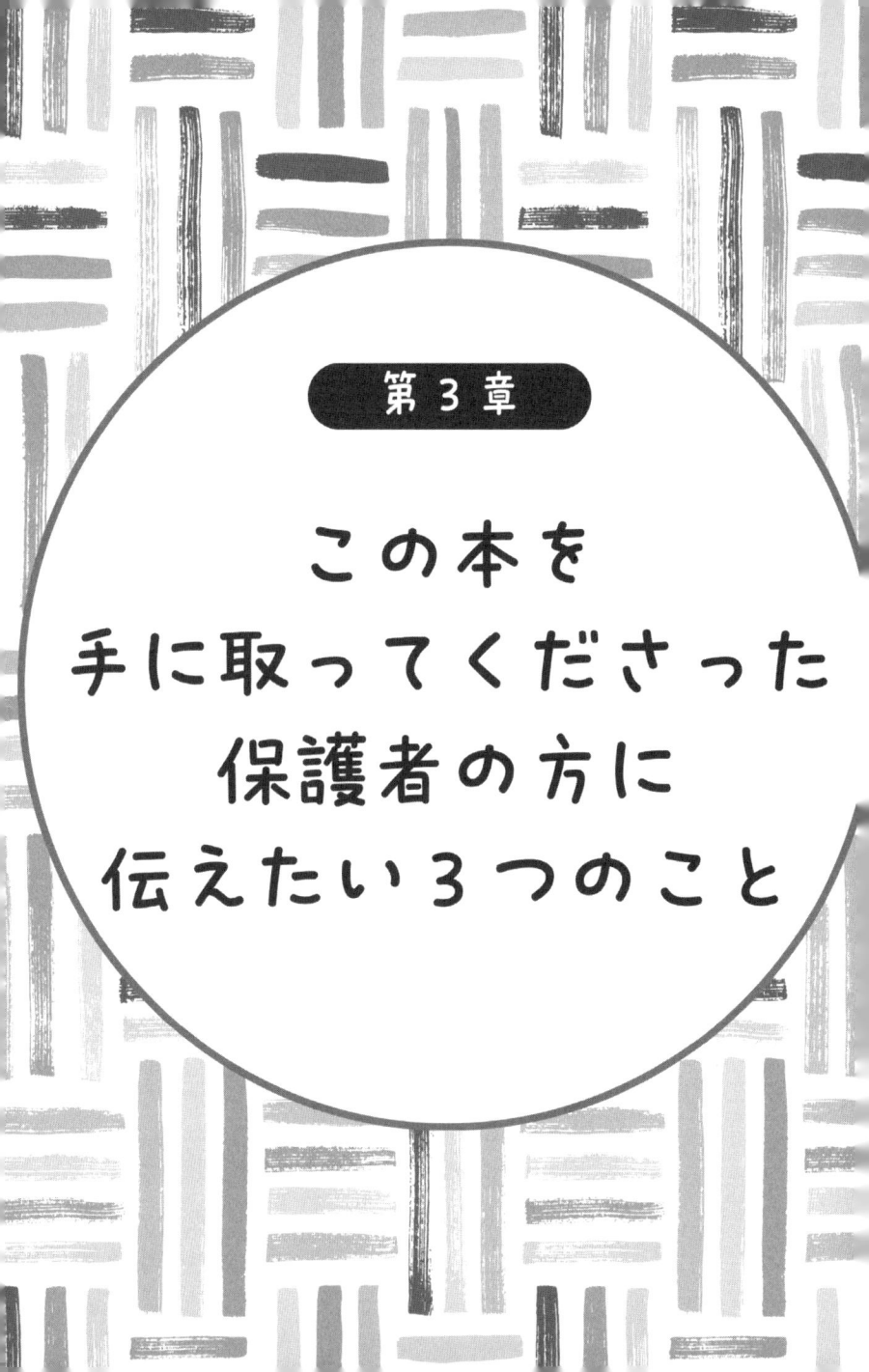

1

実は先生も「特別支援教育」がわからなくて困っている

服薬と検査をすすめる校長先生

ある日、Instagramでライブをしていました。「私がスクールカウンセラーとして働いている学校に、すごく素敵な教頭先生がいるんですよ。管理職の意識って本当に大事！」なんて話をしていたら、ライブを見ていたフォロワーさんから「この間、校長先生から『そろそろお子さんの、服薬と検査を検討してもらえないか』って言われてショックでした…」とコメントが来ました。あなたならどう思いますか？

フォロワーさんが「言われてショックを受けた」という点がポイントです。法律にも「医療機関その他の機関を紹介」するときには「児童及び保護者の意思を尊重」し、「必要な配慮」をすることが書かれています（発達障害者支援法）。校長先生にできるのは、支援センターやクリニックに相談を繋ぐこと。服薬をすすめていいのは、お医者さんだけです。校長先生であっても、こうやって間違えてしまうことがあります。

通常の学級の先生は、特別支援教育のプロではない

「先生にはもっと、特別支援教育の専門性を高めてほしい」

こんな声を、フォロワーさんから聞くことがあります。

そのときに必ずお伝えするのは「通常の学級の担任の先生は、一斉指導のプロであり、特別支援のプロではない」ということ。担任の先生の仕事は、約30人の子どもたちの一斉指導です。先生たちは、教員になるための大学の授業や試験対策で、特別支援についてみっちり学んでから先生になるわけではありません。私はたまたま大学で特別支援教育を専攻していたので、特別支援教育の専門性があることになっています。それと同様に先生それぞれに、算数、体育など専門分野があります。先生全員が、特別支援も算数も体育も、全部の専門性を高めることは不可能ですから、それぞれの得意なジャンルを持ち寄って、

知識や裏ワザをシェアできるような学校環境が大切なのです。

子どもの受ける特別支援的サポートに疑問を感じたとき、担任の先生を疑ってはいけません。疑うべきは、「その学校の特別支援教育システム」です。その学校で、困りごとのある子どもをどのようにサポートする仕組みがあるのか？　一斉指導の中で困っている先生を助ける仕組みはどうなっているのか？　保護者としてもっとできることはないか？　ここを管理職の先生に確認することが、困っている子どもを助ける最短ルートです（いわゆる「指導が不適切な教員」に該当する先生は、別の話になります）。

保護者が先生の「安心・安全」になれる

特別支援教育には、教科書がありません。その子に合わせたオーダーメイドのサポートを一からつくっていくことになります。このときに一番重要なものって、何でしょうか？　先生の専門性？　先生の経験年数？　先生の場数の多さ？　正解は、「保護者からもらう、子どもの情報」です。特にエピソードを中心とした情報が大事です。「この困り行動が出たときは、親はこのように行動しています」というエピソードから、先生はデータを得ます。

子どもの情報がたくさんあれば、効果的なサポートが具体的に見えてくるのです。

ときどきInstagramの投稿に、「先生なのに、親に質問しないでほしい。自分で学んでほしい」とコメントをもらうこともあります。たしかに気持ちはわかります。でもどうか、その見方はちょっと変えてみてほしいのです。「教えて」と言えるその先生は、今まさに学ぼうとしている、すばらしい先生です。「助けて」「教えて」と言える環境が、保護者と先生の間でできているという証拠です。先生は一斉指導の専門家として、保護者は「うちの子の専門家」として、情報交換できる環境、それがまさに「安心・安全の場」なのです。

保護者が「先生の安心・安全」になってくれる世界が広がって、保護者と先生との間で安心・安全の土台が固まれば、子どもの困りごとは必ず減ります。心を病んだり、療養休暇に入ったりする先生も必ず減ります。私もこれまで、何度も保護者の方に助けられてきました。面談日程希望アンケートのすみっこに書いてあった、「いつもありがとうございます」のメッセージ。たったひと言だけど、それまでの教師としての自分が報われたような、ありがたい気持ちとほっとする気持ちとで涙が出たこともあります。

お互いに「子ども」を主語にして、安心して生活できるための支援を、一緒に考えていきましょう！

2 子育てのゴールをイメージしておこう

どんな大人になってほしいか、願いをもつ

「この子には、こんな大人になってほしい」という願いを、家族の中で言葉にしていますか？　例えば、私は息子に対して、こんな願いをもっています。

・自分と人を同じくらい、大切にする人になってほしい。
・悩んだときには、誰かに相談できるようになってほしい。
・うまくいかなくても、別の方法を探しながら挑戦し続けてほしい。

これは自分の周りを見ていて、「この3つができている大人って素敵だな」と感じるから。

子どもたちには「社会の中で、生きやすくなるスキルを獲得させてあげたい」と常日頃思

っています。これは今現在の願いで、息子との生活の中で少しずつ変わってきましたし、これからも変わっていくはずです。こういう「子育てのゴール」を自分の中で明確にしておくと、「今何をしなければいけないのか？」がはっきりとわかるようになります。

私が今、息子とのかかわりで気をつけているのが「ありがとう」と「ごめんね」と「教えて（手伝って）」を素直に言える環境づくりです。これを家族の中で共有しつつ、担任の先生との面談でも伝えています。正確に言うと、息子の支援計画を書いてもらうときの情報としてお渡しししています。子どもに対する家族の願いは、学校での支援の軸にもなるからです。

小学６年生の男の子の保護者の方で、こんな相談をしてくれた方がいました。「息子が全然勉強してくれなくて困っている。中学受験を控えているのに成績が落ちる一方で、毎日のように親子げんかをしている。親は心を病みそうだ」。スクールカウンセラーとしてこの保護者の方と話をしていく中で、こんな質問をしてみたんです。

私「中学受験をしようと思ったのはなぜですか？」

母「周りの子どももみんなが受験するし、私も夫もある程度の大学は出ているので、最低でも自分たちと同じレベルの大学は出てほしいです」

私「息子さんの20年後、どうなっているといいなと思いますか？」
母「結婚して子どもができて、親がいなくなっても誰かと一緒に生きてほしいです」
私「○○さん（お母さん）は、どんな人と結婚したいと感じていましたか？」
母「家族のことを一緒に考えて、一緒に悩んでくれる人ですかね」
私「息子さんは、そんな大人になっていけそうですか？」

この質問をしたときに、お母さんはハッとしていました。この男の子には、集団の中でほかの子どもとうまくかかわれず、よくトラブルになるという困りごとがありました。だからこそ未来の話をしていく中で、お母さんは「親子関係を犠牲にしてまで中学受験をする意味って何だろう？」と、もう一度考えるようになりました。この家族の願いに合わせて考えると、子どもの将来のためにしなければいけないことは、親子で必死に勉強して偏差値を上げることではなく、この男の子が社会に出て生きやすくなるコミュニケーションスキルを獲得することだったんです。

目的と期間をはっきりさせる方法

「願いはあるけれど、将来に向けてどう考えたらいいのか難しいです」という声をよくいただきます。そんなときは、例えばこんな風に考えてみてください。

①　うちの子は、パソコンが好きだからプログラミングを学べる高校に行けたらいいかな。
②　高校に行くために必要なスキルはなんだろう？
③　学力、早寝早起き、公共交通機関を使う、友達と協力、先生に質問する…など。
④　スキル獲得までに時間がかかりそうで、今始めた方がいいことは何だろう？
⑤　「早寝早起き」と、「友達と協力するスキル」から始めてみよう。

ポイントは、「早いうちから習慣にした方がいいこと」と「小さいうちだからこそ身につけやすいこと」を優先させることです。

以前、支援学校の高等部で働く現役の先生から「生徒たちには『求められる人になろう』と伝えています」と教えてもらったことがあります。子どもが社会に出て働くときに、社会から求められる人になっているかどうか？　一緒に働く人たちから、求められる人になっているかどうか？　これは重要なことです。求められる環境で働くこと、これは１つの幸せだと言えますよね。子どもがまっすぐ成長し、幸せな人生を送るために親ができることはなんだろう？　私自身も自問自答しながら、子どもの成長を楽しんでいます。

3

子どもを中心に大人の「応援団ネットワーク」をつくろう

いつでも相談できる機関はある？

願いをもとに子どもの未来を想像して、必要なスキルを考える。ひと言で言うと簡単なようですが、「まず未来が想像できません！」という声も聞こえてきそうです。そもそも子育てって、悩みが尽きないですよね。１つ解決したと思っても、また１つと悩みごとが増えていく。こんな経験、あると思います。特に発達に凸凹がある子どもの保護者の場合は、悩みの数も種類も、どんどん増えていく方が多いです。そんなとき、悩みの種類に応じてピッタリな相談場所をつくっておくと、毎日の生活がとっても楽になります。

悩みは担当部門に分けておく

「悩み相談はするんだけれど、いつも共感されるだけで終わっちゃうんです」と、悩み相談のお悩み（ややこしいですね）が届くことがあります。親としては、悩みの解決方法が知りたいのに、「そういうこと、ありますよね〜」「あ〜、わかります〜」と共感されるだけで、１㎜も前に進んでいない状況。こういう場合、相談する担当部門を間違えている可能性があります。ご自身の悩みのジャンルを見直して、正しい担当部門に伝えてみましょう。

子ども個人のスキル…療育の先生、支援級・通級の先生
子どもの発達状況…お医者さん、心理士（師）
子どもの心、親の心…スクールカウンセラー、心理士（師）
集団生活でのスキル…学校の先生、支援センターの職員
機関同士の連携…相談支援専門員、学校管理職、特別支援教育コーディネーター

もちろん枠にとどまらないで、いろんなジャンルの現場を知っている人もいます。ジャンルをまたいで知っている人は、それぞれのバランスをうまく見られるという強みがあります。ただ私がおすすめしたいのは、相談するときには信頼できる「人」で選ぶ、ということ。「この人の言っていることなら、すっと心に入ってくるな」と感じる人と話すことが大事です。有名なお医者さんだからといって、どんな子どもと保護者にも合うとは限りません。相談先は何度も選び直していいのだから、一生付き合っていきたいと思える人を探しましょう。それぞれの悩みの担当部門ごとに、メンターになる人を見つけておくことが、子どもの自立までの支えになります。

たくさんの大人の目を頼りにする

部門ごとに分けていろいろなところに相談した方がいい理由が、もう1つあります。それは、子どもを見る大人の目が増えることです。

それぞれの機関の代表者が集まって、子どものための作戦会議を開くこともできます。これはケース会議（担当者会議）と呼ばれるものです。私は機関同士の連携のことを、「応援団ネットワーク」と呼んでいます。子どもを中心にして、すべての機関からすべての機関に向けて網を張りめぐらせているイメージです。一つの場所で見える子どもの姿は、あくまで一側面でしかありません。学校ですごく優秀な子が、家に帰ると暴言・暴力をしていたり、学童へ行くと甘えん坊になったり…。これらはすべて環境と子どもとの相互作用で起きていることではありますが、まぎれもないその子ども自身です。「この子はこういう子だから」と決めて支援に取りかかるのではなく、子どもをいろんな面から見ようとすることが大事だということ。そのためには、できるだけ多くの大人がその子のよさを別角度から見つけられることが重要なのです。いろんなよさを見つけた後、応援団ネットワークに乗せてシェアし合えば、「この子にはそんなよさがあったんだ！　うちもその視点で見てみよう」と、支援者の視野をどんどん広げてくれます。

このネットワークをつくるのは大変ではありますが、まずは保護者が動くことから始まります。様々な機関と繋がった後は、ぜひ「うちの子専門家（保護者）」としてネットワークに参加してください。子どものことを一番近くで見て、一番知っているのは親御さんですから、自信をもって、応援団ネットワークの音頭を取ってみてくださいね。この応援団は、必ず子どもの成長を後押しします。

おわりに

子どもも保護者も先生も、100人いれば100通り。誰もが苦手をもっている反面、必ず強みももっています。私はケツメイシの「スーパースター」という歌が大好きです。

自分ができないことは、誰かに助けてもらい、誰かができないことは自分が助けになる。なんでも1人でできることがすばらしいのではなく、自分の得意と苦手を知って、いつでもSOSが出せる人になること。そして、誰かのSOSをキャッチして、助けられる人になること。これが大事だよと、いつも子どもに伝えています。こんな人が増えたら、みんなが生きやすい社会になるはずだと、私は信じています。

最後に、私の苦手に根気強く付き合ってくださった、担当の新井様に厚くお礼申し上げます。管理職としてのインタビューに応じてくださったM先生、熱い思いを語ってくださり感謝しています。大好きなサポートメンバー、講座の受講生、卒業生、フォロワーの皆様、そして両親。多くの方に支えられて今の私がいます。そして私のわがままを最大限に理解して、いつも寄り添ってくれる夫と子どもたちと猫たちへ。心から、ありがとう。

西木　めい

参考文献一覧

岡田憲治『教室を生きのびる政治学』(晶文社)
本田秀夫『学校の中の発達障害』(SBクリエイティブ)
松崎朝樹『教養としての精神医学』(KADOKAWA)
宮本信也『愛着障害とは何か　親と子のこころのつながりから考える』(神奈川LD協会)
出口保行『犯罪心理学者が教える子どもを呪う言葉・救う言葉』(SBクリエイティブ)
藪下遊・髙坂康雅『「叱らない」が子どもを苦しめる』(筑摩書房)
奥田健次『子育てのほんとうの原理原則「もうムリ、助けて、お手上げ」をプリンシプルで解決』(TAC出版)
宮口幸治『ケーキの切れない非行少年たち』(新潮社)
村瀬公胤「『子どものために教える』思想にとらわれ過ぎない」『教職研修』2023年7月号(教育開発研究所)
下山晴彦・他『公認心理師のための「発達障害」講義』(北大路書房)
諸富祥彦・他『保護者とのよい関係を積極的につくるカウンセリング』(ぎょうせい)
成田奈緒子・上岡勇二・他『子どもの脳を発達させるペアレンティング・トレーニング』(合同出版)
文部科学省「障害のある児童生徒等に対する早期からの一貫した支援について(通知)」
中央教育審議会初等中等教育分科会「共生社会の形成に向けたインクルーシブ教育システム構築のための特別支援教育の推進(報告)」
文部科学省「いじめの防止等のための基本的な方針」
内閣府「令和6年4月1日から合理的配慮の提供が義務化されました」リーフレット

【著者紹介】

西木　めい（にしき　めい）

現役スクールカウンセラー兼発達凸凹支援コンサルタント
国立大学教育学部特別支援学科を卒業後、小学校（通常の学級）の教員に。その後、自分の専門性を高めるために特別支援学校へノープランで飛びこみ、５年間担任を経験。その後再度通常の学級の担任や特別支援教育コーディネーターとして16年間の経験を経て、スクールカウンセラーに転身。

発達凸凹っ子のママパパと先生を助ける「発達凸凹支援コンサルタント」として、これまで2300人以上の方にコンサルを実施。ママパパ向けのほめ方叱り方講座をオンラインで行ったり、小学生の保護者100人以上が集まる子育て講演会も実地開催したりしている。

SNS での発信も継続し、現在 Instagram のフォロワーは4.7万人（2024年８月現在）。

Instagram：@_mei_gakko_

メルマガ　インスタ

特別支援教育サポート BOOKS

学校・先生と家庭をつなぐ！
発達障害のある子を支える
担任と保護者の連携ガイド

2024年９月初版第１刷刊　©著　者　西　木　め　い
2024年11月初版第２刷刊　発行者　藤　原　光　政
発行所　明治図書出版株式会社
http://www.meijitosho.co.jp
（企画）新井皓士（校正）井村佳歩
〒114-0023　東京都北区滝野川7-46-1
振替00160-5-151318　電話03(5907)6701
ご注文窓口　電話03(5907)6668

＊検印省略　組版所　朝日メディアインターナショナル株式会社

本書の無断コピーは，著作権・出版権にふれます。ご注意ください。

Printed in Japan　ISBN978-4-18-176345-9

もれなくクーポンがもらえる！読者アンケートはこちらから
→